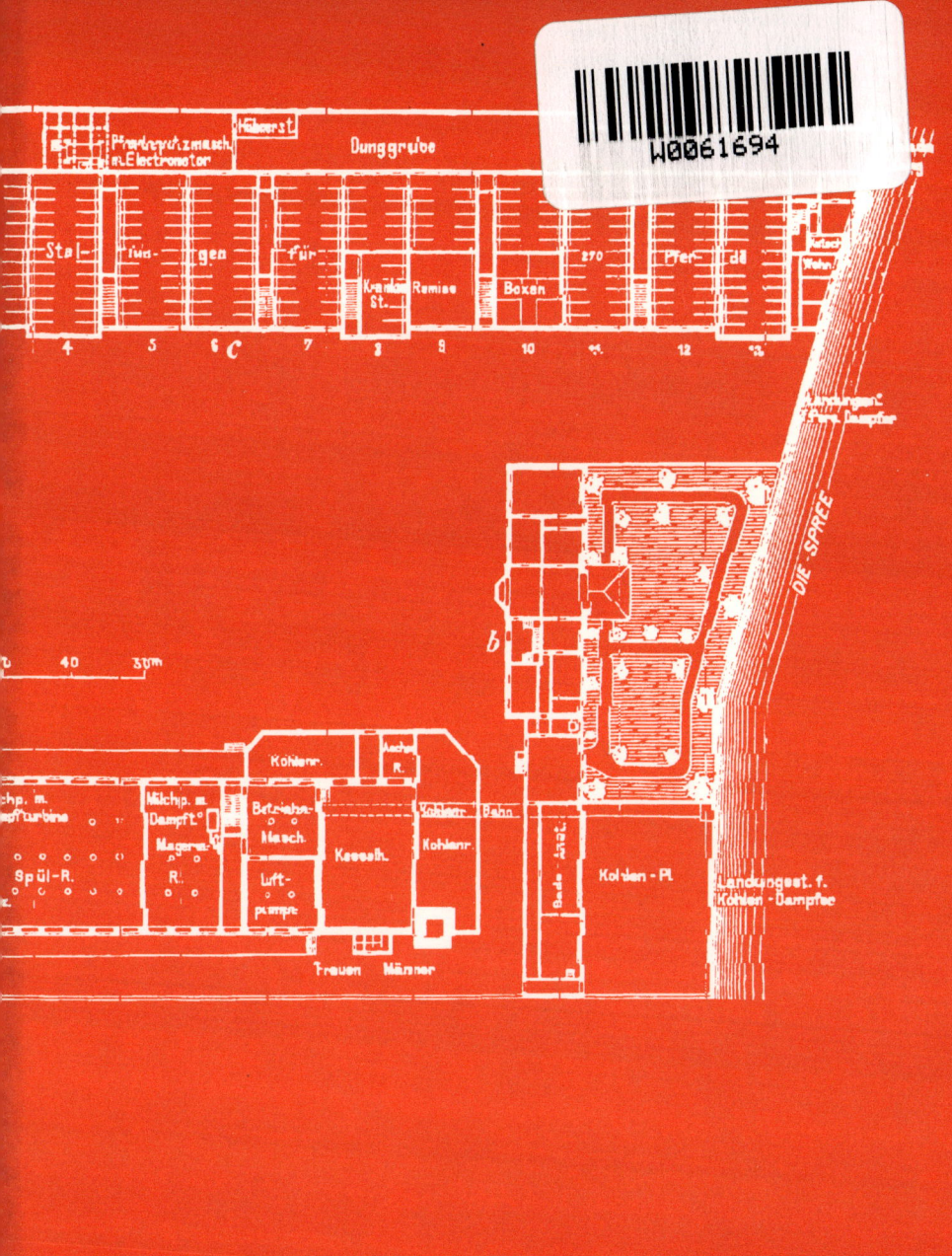

Frank Pauli
Bimmel-Bolle

Vielen Sätteln gerecht, erfolgreich und fromm: „Milchkönig“ Carl Bolle.

Frank Pauli

Bimmel-Bolle

Ein christlicher Unternehmer in Berlin
(1832–1910)

Wichern-Verlag

Deutsche Bibliothek - CIP-Einheitsaufnahme

Pauli, Frank:
Bimmel-Bolle : ein christlicher Unternehmer in Berlin ;
(1832 - 1910) / Frank Pauli. - Berlin : Wichern-Verl., 2000
ISBN 3-88981-120-5

© Wichern-Verlag GmbH, Berlin 2000
Bildvorlagen: privat
Bildbeschreibungen der Umschlaginnenseiten siehe Seite 205
Satz: Wichern-Verlag, Berlin
Druck: Color-Druck Dorfi GmbH, Berlin
Buchbinderei: H. Stein, Berlin
ISBN 3-88981-120-5

Inhalt

Die Milch
der frommen Denkungsart

Ein havelländisches Waisenkind in Berlin

Jeder Mensch hat seine Zeit. Der Mann, von dem dieses Buch erzählt, ist nicht von heute. In einigermaßen friedlicher Zeit kam er nach Berlin, um Häuser zu bauen und Geschäfte zu machen. 1860: Friedrich Wilhelm IV., seiner geistigen Kräfte nicht mehr ganz mächtig, hatte den Preußenthron längst geräumt, und sein Nachfolger Wilhelm füllte die Lücke immer noch als Regent. Die Hauptstadt pflegte ihre Ambitionen. Sie war ein guter Platz für gewandte und fleißige Leute. Sie zog Ehrgeizige und Verwegene, Spekulanten und Glücksritter an. Sie ließ Gauner Vermögen aufhäufen und Pechvögel in Abgründe stürzen. Sie konnte Mutlose einschüchtern bis zur letzten Trostlosigkeit. Manchen aber hat Fortuna in der Hauptstadt ihre ganze Gunst zugewendet – damals, zu seiner Zeit.

Nach Alt-Moabit sollte gelegentlich fahren, wer Nähe und Augenschein sucht zu einem Platz, an dem er als einer der Erfolgreichen gewirkt hat. Oder gleich von der Spree her auf die hoheitsvoll gleißenden Bürotürme schauen, in denen der Bundesminister des Innern sein Mietquartier hat – heute, in unseren Tagen.

Historisch-preußische Backstein-Nüchternheit aus der Sicht des Straßenzugs Alt-Moabit, das repräsentierfreudige Selbstbewußtsein der Bundesrepublik beim Blick vom Ufer der Spree her: Hier, auf diesem Gelände, hat Carl Bolle im Ausgang des 19. Jahrhunderts seinen erstaunlichsten Karri, regipfel bezwungen. Freilich war er da – mehr als ein Jahrhundert ist's her – vom ursprünglichen Beruf eines Mannes vom Bau weit abgekommen. Auch an der immer besonders gearteten Konkurrenz der Immobilienhändler nahm er nicht mehr teil.

„Milchkönig" nannten ihn die Neider und Bewunderer nun; dem kleinen Mann auf der Straße und seiner Frau war mehr die Bezeichnung „Bimmel-Bolle" geläufig: Anspielung auf das schrille Glockensignal, mit dem die Bolle-Kutscher ihr Eintreffen mit Milch und Molkereiprodukten vor den Häusern der Kunden anzeigten. Falls es richtig sein sollte, an dieser Stelle von „Anspielung" zu reden. Denn die Sprache der Berliner spielt ja auf Besonderheiten im Leben nicht wirklich feinsinnig an; sie spielt eher herunter.

Bolle bimm-bimm,
Milch is zu dünn,
Käse is zu dick,
Bolle is varrickt.

Ältere unter den heute lebenden Berlinern kennen den Kindervers noch. Er klingt unfreundlich für Menschen, die den Berliner Sinn nicht gut kennen. Doch die naive Reimkunst war eher als Frotzelei zu verstehen – von Leuten, die selber an den Bolle-Wagen einkauften oder sich Bolles Produkte von den „Bollejungs" gleich an die Tür bringen ließen.

Zum Beispiel Herr Winkelmann, der sein Abonnement einmal ausgesetzt hatte. Ein besorgter Brief war daraufhin von der Firma gekommen: Hätte er denn womöglich Anlaß zu Beschwerden gehabt? Er beeilte sich, Bolle die zeitlich begrenzte Enthaltsamkeit von der Milch auf liebenswürdigste Art zu erklären:

Im Winter, wenn Frau Holle
Die Erde schmücket weiß,
Wie schön schmeckt da von Bolle
Die Milch, wenn sie recht heiß. –
Doch wenn die liebe Sonne
Im Sommer lacht uns an,
Dann kehrt zum Bier mit Wonne
Zurück Herr Winkelmann.

Gut zu verstehen, daß Bolle das Wort Bier gar nicht gern hörte. Nicht allein mit der durstlöschenden Konkurrenz ist das zu erklären

– dazu später mehr. Über die gutgelaunte Antwort des Kunden Winkelmann aber und die damit verbundene Treueerklärung konnte er sich nur freuen. Daß er es überhaupt gern sah, wenn die Leute Witziges über ihn formulierten, sprach er ungeniert aus. Er wußte: Lachen ist die beste Reklame.

Ob er oft lachend zu sehen war, ist (selbst nach jahrelangem Bemühen, seine Biographie zu rekonstruieren) sehr schwer zu sagen. Vielleicht fehlte ihm dazu die Zeit. Für Leute seinesgleichen hat man mittlerweile das Wort „Workaholic" erfunden. Sechzehnstundentage waren bei ihm kein Ausnahmefall. Und wenn er mal lockerließ, zeigte das Kalenderblatt mit Sicherheit Sonntag. Dann sah man ihn in der Kirche oder anderweitig mit frommen Gedanken beschäftigt. Kurzum: Dann gab er sich Stimmungen hin, die – jedenfalls nach landläufiger Meinung – auf keinen Fall zum Lachen sein dürfen.

Die Berliner Redensart, jemand habe sich „amüsiert wie Bolle auf'm Milchwagen", geht auf ein doppeltes Mißverständnis zurück. Erstens kam Carl Bolle höchstens probehalber mal auf einen Milchwagen hinauf. Er ließ kutschieren und kutschierte keinesfalls selbst. Zweitens unternimmt die gängige Wendung einen Brückenschlag zu jenem ganz anderen Bolle eines volkstümlichen Liedes, der sich (laut Kehrreim) überall „ganz köstlich amüsiert" haben soll – vorzugsweise allemal da, wo man beim Aufeinandertreffen von Temperamenten blau geschlagene Augen und blutige Nasen davontrug. Schluß damit: Dieses Lied gab es längst, als unser „Bimmel-Bolle" populär wurde. Man kann nur vermuten, daß er den Gassenhauer – anders als die unmittelbar auf ihn gemünzten Witze – nicht mochte.

Es hat in seinem Leben viele Brüche gegeben. Daß er sich jedesmal wieder aufrappeln und immer wieder neue Wege erfolgreich einschlagen konnte, muß wie ein Wunder anmuten. Dazu hätte er wohl sagen können: Gut, wenn einer den Glauben behält, der noch Wunder kennt. Ein biederer Mittelständler, wenn man so will. Aber er bringt sich nicht nur mit dem Kutscher-Bimm-bimm ins Gespräch. Seine Milchhandelsmethoden werden auch jenseits Berliner und preußischer Grenzen von Gazetten zur Kenntnis genommen. Nicht nur des Geschäftserfolgs wegen. Bolles Milch ist gut. Die Standards, die er mit seinen Verarbeitungs- und Vertriebsformen gesetzt hat, haben die hohe Säuglingssterblichkeit Berlins spürbar vermindert.

Daß lautes Bimbam durch ihn bis nach Ostafrika dringt, ist eine Geschichte ganz anderer Art: Kirchenglocken, die er gestiftet hat, läuten an der Spree und in Tanganyika. Eine Missionsstation in exotischer Ferne heißt nicht zufällig wie Bolles havelländisches Heimatdorf: Milow.

Jeder Mensch hat seine Zeit. Zu Carl Bolles Berliner Jahrzehnten gehört der preußische Obrigkeitsstaat, von dem eine die ganze Gesellschaft durchwaltende, streng hierarchische Ordnung ausgeht. Es gelingt ihm, sich diesem Staat so wichtig zu machen, daß selbst Hohenzollern – bis zum Kaiser hinauf – gelegentlich einmal seine Häuser besuchen. Das bringt Orden und Ehren. Verschafft öffentliche Beglaubigung und weiteres Ansehen. Glück für Herrn Bolle.

Hoffähig – wir müssen's erwähnen – konnte ein Handwerksmeister oder Kaufmann nie werden. Das gehört zum Wesen der Hierarchie, in der die Zeit lebt: Was oben und unten ist, muß auch so bleiben. An den Machtpositionen von Vätern, Chefs, Oberlehrern, Bahnhofsvorstehern und Generälen ist sowenig zu rütteln wie an Adelsprivilegien und am Thron, von dem die höchste Autorität im Lande ausgeht. Über diesem Thron gibt es nur noch den Himmel.

Nach oben muß jeder verantwortlich zeichnen. Nach unten wird Autorität durchgreifen, wenn es die geltenden Ordnungsregeln verlangen. Im Prinzip aber kann sich jeder Vater, Chef, Oberlehrer, Bahnhofsvorsteher und General so vorkommen, als ob er im großen Gesellschaftsgefüge auf einem Unterthron säße. Die jeweiligen Zuständigkeiten sind fest abgesteckt; jede Führungskraft ist für ihren Bereich ein kleiner Monarch. Durchgängig von unten nach oben sind nur gläubiges Vertrauen und Ergebenheit denkbar.

Der junge Bolle, elternlos und lange Zeit schlecht beraten, hatte Sehnsucht empfunden nach weiser Autorität, der man sich anvertrauen kann. Als reifer gewordener Mensch prägte er denen, die dann auf ihn hörten, die große Bedeutung der Familie ein, die Geborgenheit geben und Lebensmitte sein solle. Er selbst, ein Unruhegeist, der überall eigenhändig mit zupacken mußte und darüber hinaus immer neue Erwerbsmöglichkeiten entdeckte, sah sich wohl am liebsten in der Rolle des Patriarchen, der daheim wie in der Firma für das Gemeinwohl da ist – und an sich zuallerletzt denkt.

Darüber, wie er diese Rolle ausgefüllt hat, sind die Meinungen schon zu seiner Zeit auseinandergegangen. Er machte Millionen und brachte sich als Bauunternehmer und Spekulant einmal auch an den Rand des Ruins. Er war Gott ergeben, liebte den Kaiser, verehrte Otto von Bismarck und stritt sich bald mit Behörden, bald mit den Sozialdemokraten herum. Er baute für seine Leute eine Kirche in die Fabrik und hielt sich einen eigenen Pfarrer; die sozialen Einrichtungen seines Betriebs konnten vielen Vergleichen standhalten. Er war viel mehr als ein Original. Und der Hauptstadt, der er sich erfolgreich verbunden hatte, lag er jahrzehntelang mit seinem Bimmbimm in den Ohren.

Frühnebel

Elternhaus und Havelheimat

Vor Trockenheit müssen sich die Milower Landwirte kaum fürchten. Die Dorfkirche und die Reste des alten Gutes liegen dicht an der Havel, die – schiffahrtstauglich gemacht – sich hier schon durch ein recht stattliches Bett wälzt. Etwas abseits von der Dorfstraße kommt noch, meistens in Eile, die alsbald in die Havel einmündende Stremme daher. Ihre Tücke geistert durch alte Geschichten. Einmal, bei einem Sommerfest der Prinzessin Anna Wilhelmine von Anhalt, die sich im Sommer in Milow vergnügte, kenterte darin ein überfüllter Kahn mit Besuchern aus Bützer; neun von zweiundzwanzig Mitfahrern ertranken.

Ein andermal – 1795 war das, und die Stremme hatte am Ort des Unglücks nur fünf Fuß Wasser geführt – gab der tiefe Morast die Gestürzten nicht lebend frei. Es heißt, die Leute im Boot hätten es besonders eilig gehabt, und eben wegen dieser Hast sei es auch gekentert. Aufregende Nachricht hatten sie gehört: Der Fürst werfe mit Münzen um sich. Jeder hätte vom Segen solchen Übermuts gern etwas erhascht.

Bei der Wiedergabe solcher Geschichten wirkt die Phantasie vermutlich kräftig mit. Auch mit einigem Abstand zum Wasser war in und um Milow nicht alles geheuer. Eine Bodensenke auf dem großen Milower Berg erklärte alte Überlieferung so: Mitsamt ihren elf Töchtern und ihrer Kutsche aus purem Silber und Gold sei dort eine Adelsdame versunken, weil sie Fluchworte gegen Gott gesagt habe. Und dann sei sie als Sau mit elf Ferkeln unten, am Fuß des Berges, wieder zum Vorschein gekommen. Paßt bloß auf, daß ihr sie nicht trefft, wurde den Kindern gesagt: Sie rennt einem zwischen die Beine und zwingt so ihre Opfer, auf ihr zu reiten. Nichts daran war geflunkert: Der Prediger von Vieritz, wußten die Leute, hat es am eigenen Leibe erfahren.

Die Ziegel gingen einzeln immer wieder durch viele Hände, ehe sie endgültig auf einer Berliner Baustelle angelangt waren. Im Entstehungsjahr dieses Fotos von Steinschiffern (1905) war das kaum anders als in den Kindertagen Carl Bolles im Haveldorf Milow.

Volksgeraune, das der kleine Carl Bolle – mit allergrößter Wahrscheinlichkeit – kannte. Doch wenn die Rede aufs Versinken kam, mußte sich bei ihm zuerst die Erinnerung an den toten Vater einstellen. Dessen Leiche hatte man im Hochwasser über den Wiesen gefunden.

Bei wieder einmal stark erhöhtem Pegel habe er nach Döberitz rudern wollen: Das Kirchenbuch, das Geburt und Tod aller Milower in knappen Notizen vermerkt, weist beim Todesfall des damals sechsundfünfzigjährigen Andreas Bolle überraschende Ausführlichkeit auf. „Schon einige Zeit schwermütig" sei er gewesen. Tag und Stunde des Todes sind offenbar amtlich festgestellt und werden akribisch vermerkt: „... den 25. April (1837)/mittags 12 Uhr". Ein Thema – ausreichend für viele wiederkehrende Gespräche im Dorf. In der Milower Landschaft hatte er als „der reiche Bolle" gegolten. Der um vieles reicher gewordene Sohn wird sich später erinnern: *Mein Vater war der Sohn eines dortigen Kossäten, Besitzer eines kleinen Ackergutes. Er hatte einen Holz- und Steinhandel, besaß zwar wenig Schulbildung, war aber ein ausgezeichneter Geschäftsmann. Noch sehe ich meinen Vater ernst und nachdenkend an seinem Pulte stehen. Meine Mutter saß still mit einer Handarbeit an ihrem Fenster.*

Als Besitzer eines größeren Havelschiffs, mit dem er Ziegel nach Berlin transportierte, war Andreas Bolle mit dem Wasser und seinen Fährnissen durchaus vertraut. Der Gedanke, er könne selbst ein Ende gemacht haben mit seinem Leben, lag offenkundig nahe. Darf man aber einem, der den Tod womöglich zielstrebig gesucht hat, ein christliches Begräbnis gewähren? Die Frage scheint gründlich geprüft worden zu sein. Erst „nach geschehener gerichtlicher Besichtigung und erteilter Erlaubnis" fand die Beerdigung statt. Der Verlust des Vaters war ein harter Schlag für die Familie, macht das Kirchenbuch deutlich: Er „... hinterläßt eine Ehefrau der 2ten Ehe ... und sechs minorenne Kinder". Aus erster Ehe stammten zwei der Nachkommen, vier aus der zweiten.

Carl Julius Andreas Bolle, am 1. September 1832 geboren, war – mittlerweile vier – der Jüngste von allen. Das Bild der Erinnerung, das er von den Eltern behielt, konnte nur undeutlich sein, denn die Mutter war dem Vater bald nachgestorben. Verwandte und Nachbarn kümmerten sich fortan um die Kinder und um das Erbe. Etwa 3 000 Taler sollten Carl zufallen. Vorerst verschaffte er sich als Kegeljunge an den Sonntagen eine eigene kleine Einnahmequelle.

Mit den anderen Milower Dorfkindern ging er zur Schule. Der Kantor erteilte den Unterricht. 140 Schüler hörten ihm gleichzeitig zu. Da weiß man gleich: Viel kam dabei nicht heraus.

Bei Pastor Hülsen genoß er den ersten Lateinunterricht. „Ein gutmütiger, aber liberal denkender Mann, ein Rationalist." So wird er als alternder Mann, der eine tiefgehende Glaubenserfahrung gemacht hat, den Dorfpastor seiner Kinderjahre beschreiben. Das läßt einen fragen, in welchem Verhältnis sich darin Ehrfurcht und eine milde Herablassung mischen, die sich in der Spätphase des

Lebens bei der Sache mit Gott auf tiefere Einsicht beruft. Mit seinen eigenen kindlichen Glaubensformen jedenfalls mochte sich Bolle als reifer Mann nicht mehr identifizieren. Manchmal konnte er die Erinnerung daran gänzlich verleugnen.

Schon früh war es, und, soviel ich weiß, lange Zeit, meine Absicht, Theologie zu studieren. Das Vormundschaftsgericht gab es auch zu, aber ungern. Was diesen Wunsch erregte und lange Zeit nährte, ist mir nicht mehr bekannt.

Wenn er sich in Kindheitsphantasien gern als Pfarrer in der Kirche predigen sah, so ist daraus mehr abzulesen als Karrierelust und Sehnsucht nach bürgerlicher Reputation. Solches Spiel der Gedanken schließt sich an bereits vorhandene Erfahrungen an. Es hat ein persönliches Vorbild. Es vollzieht sich in einem konkreten Raum, der bekannt, ja höchstwahrscheinlich schon gründlich vertraut ist. Milow und Pastor Hülsen geben die Vorlagen für den vom kleinen Carl erträumten Beruf ab – mochte Bolle den Pastor später auch einen „Rationalisten" und „liberal" nennen und sich so von ihm distanzieren.

Es gibt eine Äußerung Bolles, in der er schlichtweg Eitelkeit als Hintergrund seines Berufswunsches angibt. Ansehen und Autorität des Pfarrers hätten ihn so beeindruckt, daß er sich sehr gern in diese gesellschaftliche Rolle hineingeträumt habe. Daß er, um ein Scherzwort Max Webers über sich selbst zu gebrauchen, „religiös absolut unmusikalisch" gewesen wäre, sollte man daraus nicht gleich schließen. Eher waren die Glaubensnormen, denen er sich später unterwarf, von anderer Art. Und dabei gestand er es sich dann schon selbst nicht mehr ein, wie sehr er in der Tiefe des gläubigen Herzens doch festgehalten hatte an Kindheitsbildern von einst.

Es fehlt in seinem Lebenslauf durchaus nicht an Anhaltspunkten dafür, daß es eine religiöse Disposition schon früh gab. Wenn er später von seiner „Erziehung und Vorbereitung fürs ewige Leben" sprach, hat er wohl auch der frühkindlichen Prägungen gedacht, die sich infolge des frühen Sterbens von Vater und Mutter eingestellt hatten. Die dörflichen Rituale – jeder Gang über den Kirchhof und jedes Beerdigungszeremoniell, das ja die ganze, weite Nachbarschaft einschloß – erneuerten und vertieften die Erfahrung mit den Grenzen der Existenz.

Andererseits läßt sich Bolles lebenslang beständig gebliebene Heimatliebe nur aus einem Bewußtsein der Geborgenheit erklären, die er in diesen frühen Tagen dennoch erfuhr: Herzenswärme von Menschen, die in die Lücke traten und die dem Kind gaben, was Kindern immer nötig ist für Leib und Seele. Zu Krisenerscheinungen scheint es erst gekommen zu sein, als er, der Jüngste, den Entscheidungen der mittlerweile mündig gewordenen Geschwister ausgesetzt war.

Wer einmal die Milower Dorfkirche betritt, kann nicht daran zweifeln, daß sie das Szenarium seiner Träume abgab. Sie brachte den Menschen nahe, was ihr Alltag nicht kannte – in farbigen oder plastischen Bildern und in der Musik. Ein Jahr vor Carl Bolles Geburt erst hatte das Gotteshaus eine Orgel bekommen. Dazu waren Umbauten nötig geworden. Die alte Sitzordnung änderte sich. Aufgehoben wurde der angestammte Platz für die Kossäten, ganz hinten an der Rückwand der Kirche. Die Kossäten (ursprünglich vermutlich: „Kotsassen"), zu denen Großvater noch gehört hatte, standen im Dienst der Adelsherrschaft im Dorfgut; für die von ihnen zu erbringenden Leistungen wurden das Häuschen (eine Kate) und ein kleines Stück Land für den Nahrungsmittelanbau zur Verfügung gestellt.

1824 hatte der letzte der Milower Treskows wegen seiner Schulden allerdings das Gut für 28 000 Taler an die Gemeinde abgeben müssen. Als die Kirche anderthalb Jahrzehnte später die Orgel bekam, konnte die Patronatsloge im Zuge der Umbauarbeiten problemlos verschwinden. Die Empore wurde erweitert. An ihrer Brüstung sind noch heute Bilder der biblischen Väter und Könige, Propheten, Apostel sowie des Welterlösers zu sehen: Gewährsleute für bewährte und verläßliche Lebenshoffnung. Ganz in diesem Sinn ließ sich auch die Botschaft der auf Altar und Kanzel abgebildeten biblischen Personen aufnehmen. Weisheit und Vertrauenswürdigkeit gingen von ihnen aus – für alle, die sich mit dem Gemüt im Gotteshaus beheimatet fühlten.

Milow, die Dorfheimat, sollte für Carl Bolle lebenslang ein greifbares Symbol des Schönen und Guten und Ewigen bleiben: das Paradies der Kindheit, das er sich selbst und seiner Familie für Ferientage verschrieb und das er als arrivierter Unternehmer schließlich so ausschmücken half, wie bibelbezogene Frömmigkeit es sich für das himmlische Jerusalem vorstellt: nämlich mit lebendigem Grün. Eine jüngere Chronik des Ortes sagt aus:

Milow hatte eine wundervolle Dorfstraße, diese war zu beiden Seiten mit Bäumen bepflanzt. Die Anpflanzung veranlaßte ein Milower Bürger, der sogenannte Milch-Bolle aus Berlin, welcher auch die Bäume lieferte. Da die Bäume (inzwischen) sehr alt waren, mitunter 85 Jahre, bestand die Gefahr, daß bei starkem Sturm welche entwurzelt wurden und großen Schaden anrichten könnten. In den Jahren 1960 bis 61 wurden sie abgeholzt.

Man kann leicht den Eindruck gewinnen, daß er die Liebe und die Anhänglichkeit, die er seinen Eltern nicht mehr zuwenden konnte, nun auf die Heimat zu übertragen versuchte. Das Bäume-Geschenk wäre ein rührendes Zeugnis dafür. Und noch rührender seine Bemühung, an seiner guten Erfahrung mit Milow andere Menschen teilnehmen zu lassen: Das Haveldorf beherbergte später die sommerlichen „Ferienkolonien" für erholungsbedürftige Kinder seiner Berliner Mitarbeiter. Daß er in Ostafrika ein „Milow" errichten ließ, bleibt später zu erzählen. Daß er nach Südafrika eine Kirchenglocke verschenkte, auf der man „Kommt, es ist alles bereit" lesen konnte, geht ebenfalls auf Milow zurück: Eine der dortigen Dorfkirchenglocken verkündete die gleiche Botschaft.

Schulschwierigkeiten

„Geschwistererziehung ist nicht viel wert"

Fast vierzehn war Carl, als sich auf dem erträumten Weg zu höherer Bildung ein erster ernsthafter Schritt machen ließ. In Brandenburg sollte er zunächst die Anfangsklasse einer Realschule besuchen. Doch das ließ sich nicht gut an. Schon ein halbes Jahr später trat er ins Gymnasium über. Es wurde vollends zum Reinfall. Vielleicht hat es an Lernhilfen, vielleicht am nötigen erzieherischen Nachdruck gefehlt. Vielleicht wollte es dem unzureichend beaufsichtigten Schüler einfach nicht gelingen, seine Träume vom Predigen mit der schulischen Wirklichkeit in Übereinstimmung zu bringen.

Beide Schulgebäude gibt es übrigens noch; viele Generationen haben sie überstanden. Gleich hinter der altstädtischen St.-Gotthardt-Kirche ist – Walther-Rathenau-Platz 1 – die genannte Realschule, die ehemalige „Saldria", zu finden. 1595 hatte eine Gertrud von Saldern den alten Bischofshof der Stadt zum Geschenk gemacht. Ein Haus, das einmal sehr ansehnlich gewesen sein muß – und wieder so werden könnte, wenn sich denkmalpflegerische Fürsorge der schön gegliederten Fassade annähme. Die Neustädtische Gelehrtenschule (Gymnasium), am Katharinenkirchplatz (Hausnummer 5) im Jahre 1798 durch Friedrich Wilhelm III. zum Gymnasium erhoben, gibt gegenüber der alten Stadtkirche mit ihrer

Carl Bolles Eintritt ins Brandenburgische Gymnasium – unter Nummer 22 in der Jahrgangsurkunde vermerkt: „Karl Julius Andreas Bolle, geb. zu Milow d. 1ten Septbr. 1832, Sohn des das.(elbst) verstorbenen Steinhändlers B., recipiert (aufgenommen) aus d. 4. Cl. Saldr.(iae), recipiert nach VI. („Sexta") a. 19/4. 46. "

Ostern. 1846.

— 19. Schüler Otto Stampke geb. zu Brandenburg
v. 12. Nov. 1836, Sohn des Amtsrath. H.
in B., evangel. Conf., aufgen. in die
5t. Cl. Salvr., nach v. 6t. Cl. Cl. a. 18/4. 46.

— 20. Friedrich Ernst Fischer geb. zu Raben den 31 May
1833, Sohn des Predigers Fischer in Rottstock
in Prätz, evangel. Conf., aufgen. nach Sexta a.
18/4. 46.

21. Moritz Cramer geb. 22 May 1838 zu Rahden
Stadt Sohn des jüdischen Kaufm. C. zu Bützow
aufgen. nach Sexta 6. 18/4. 46.

22. Carl Julius Andreas Prütz, geb. zu Milow
v. Pbg Prütz. 1832, Sohn des Joh. verstorbnen Prinz
Pauline B., aufgen. aus v. 4t Cl. Salvr.
aufgen. nach N. a. 18/4. 46.

23. Heinrich Gottlieb Adolph Butzke geb. zu Nieklitz
v. 12 Jul. 1833, Sohn des Amtm. Butzke
evangel. Conf., aufgen. nach Sexta. a. 18/4.

24. Philipp Louis Butzke geb. zu Neblitz
v. 24 Octbr. 1836. Bruch. des vorig aufgen.
zeit nach N. a. 18/4. 46.

25. Adolph Friedr. Gustav Winter geb. zu Brandb.
v. 27 Juni 1833, Sohn des Ackerm. u. Bürger
W. zu Brandbg, evangel. Conf., aufgen. nach
v. 6t Cl. a. 20/4. 46.

26. Bernhard Spengler geb. zu Dahlen
bei Ziesar v. 15 Decbr. 1835., Sohn des
Försters Sp., evangel. Conf., aufgen. nach
Septa et. 20/4 46.

erneuerten klassizistischen Putzfassade schon heute eine durchaus sehenswürdige Nachbarschaft ab.

Beide Häuser erinnern an eine Bildungstradition, zu der Schüler Bolle den Anschluß nicht fand. Über das Kommen und Gehen in der Schülerschaft des vereinigten alt- und neustädtischen Gymnasiums zu Brandenburg sind für 1847/48 etliche Einzelheiten im Jahresbericht der Anstalt zu finden: 30 Schüler wurden neu aufgenommen; abgegangen „zur Universität mit dem Zeugnis der Reife" sind zu Michaelis fünf und zu Ostern acht Gymnasiasten. Insgesamt 45 andere Abgänger werden mit der Bezeichnung „zu anderer Bestimmung" zusammengefaßt.

In dieser Kategorie findet sich unter „Quinta" Carl Bolle. Lesen kann man manchmal, er habe das Gymnasium aus der Quarta verlassen. Richtig ist: Er hat die Quarta gar nicht erreicht. Von ihm selbst wurden verschiedene Gründe genannt. In der Tat gab es wohl Lernschwierigkeiten. Aber auch der große Bruder, der knapp fünfzehn Jahre ältere Andreas Ferdinand, der in die Funktion des Familienvorstands aufgerückt war, stellte sich quer: Gegen das Studieren habe er prinzipiell was gehabt, beklagte sich Carl Bolle später. Immerhin nannte der Bruder einen Grund für diese Haltung: Er machte sich Sorgen, daß Carls Anteil am Vatererbe über der ungewissen Lernerei letztlich zwecklos aufgebraucht würde.

Setzte der Milower Pfarrer mit Recht größeres Vertrauen in ihn? Oder mühte der sich nur weiterhin mit Carl beim Lateinunterricht ab, um zu unguter Letzt selbst zur Überzeugung zu kommen, der Bengel sei sowieso für alle Bildung verloren? Den Schlußstrich zog nach einem halben Jahr wieder der aufsichtsführende Bruder: Carl wurde zu Meister Wede nach Rathenow in eine Maurerlehre gegeben. Standquartier und vielleicht auch eine gewisse Kontrolle garantierten die dort verheirateten Schwestern.

„Geschwistererziehung ist leider stets nicht viel wert": Mit diesem Seufzer ließ sich Carl Bolle viele Jahre später vernehmen.

An keine körperliche Arbeit gewöhnt, mußte ich von morgens früh fünf Uhr bis abends acht Uhr und auch noch länger arbeiten, in Hitze und Kälte, bei Regen und Wind, bei schlechtem, kalten Wetter, vom Frühjahr bis zum Spätherbst. Stundenlang saß ich mit den anderen Lehrlingen auf der Leiter und langte mit meinen noch schwachen

Armen je zwei Mauersteine über den Kopf dem über mir sitzenden Lehrling zu.

Kalk und Sand mußte er mit einem Spaten zu Mörtel verrühren. „Die schwerste Maurerarbeit" sei ihm auferlegt worden. Während der Bausaison kamen an den ihm zugewiesenen Schlafplätzen oft die Mäuse aus ihren Löchern. Er suchte Ruhe. Sie tanzten.

Im Winter nahm sich Meister Wede den Lehrling zu anderer Tätigkeit vor. Nicht nur mit dem Zeichenstift mußte er umgehen lernen. Vor allem Rechnen, wurde ihm eingehämmert, gehört zum Geschäft. Bei der Baukonstruktion und bei Kostenberechnungen mußte sich mathematisches Wissen bewähren. Wenn Carl Bolle über manche Härte gestöhnt hat, so hat er sich über den Meister doch nicht beschwert, noch hat er Verdammenswertes an dessen Zucht und Anspruch gefunden. Es wurde was aus ihm, und er war wohl stolz, seinem Bruder die erlernten Fertigkeiten beweisen zu können: Eine aus Ziegeln ausgeführte Hundebehausung in dessen Hof wurde – mit Gewölbe – zum ersten Bolleschen Maurerkunststück.

Erster Anlauf Berlin

Gedrückte Stimmung im Nachmärz

So nahm Carl Bolle aus Rathenow doch weit mehr als den Gesellenbrief mit. Er hatte Gelegenheit gefunden, die für die Handwerkerexistenz jener Jahre nötige Kondition zu erwerben. Er traute sich etwas zu. Er ging nach Berlin, wo das wirtschaftliche Leben gerade wieder in Schwung kam.

Ob und wie tief die politischen Entwicklungen der zurückliegenden Jahre – die Berliner Märzrevolution von 1848 und die Frankfurter Paulskirchenversammlung etwa – seinen persönlichen Horizont berührt hatten, ist nicht zuverlässig zu sagen. Bolle setzte auf die preußische Residenzstadt, weil sie wirtschaftliche Zukunft versprach und weil er sich einen guten Start ins Erwerbsleben erhoffte. Szene Berlin zu Beginn der fünfziger Jahre: Begeben wir uns mit dem jungen Carl Bolle in die Stadt, die Hauptschauplatz seines Lebens sein wird. Längst war die Ruhe wieder eingekehrt an der Spree. Das Zähneknirschen, mit dem Adolf Brennglas alias Glaßbrenner für seinen 1849 erschienenen „Märzalmanach" das Vaterunser umgeschrieben hatte („Vater Wrangel, der Du bist im Schlosse ... Zu uns kamen Deine Kanonen") war – öffentlich jedenfalls – garantiert nirgendwo zu vernehmen.

Dein Wille geschieht gegen Himmel und Erde! / Unser täglich Brod giebst Du den Soldaten, / Und vermehrst unsere Schulden, / Wie Du vertrittst die Schuldigen. / Führe uns nicht in Versuchung! / Sondern erlöse uns von dem Übel, / Denn Dein ist der Geist des ganzen Preußens / Und seine Kraft und seine Herrlichkeit, / So lange es dauert. Amen!

Die öffentliche Ordnung war – bleiben wir bei Glaßbrenners Spott – gekennzeichnet durch „Philistergesinnung". Und die war für den Satiriker hinter vorgehaltener Hand so zu beschreiben:

Der Philister lebt bereits in einem freien Staate, sieht sich aber bei dem Wort Freiheit noch immer um, ob es niemand gehört hat ... Falls der neue deutsche Philister gegen seinen Willen in ein politisches

24

Gespräch geräth, so entscheidet er sich bei allen höheren Staatsfragen
durch die einfachen Worte: „Nur keine Aufregung!"

Der junge Mann aus Milow an der Havel, der da in die preußische Hauptstadt zuzog, gehörte nicht zu dem spitzzüngig beschriebenen Stand. Aber im Gespräch mit ihm hätte man mit Sicherheit umgehend erfahren, daß er gar nichts dagegen hätte, zu dieser mittleren Etage der Gesellschaft Zugang zu finden. Für Glaßbrenners politische Pointierung hätte er sowenig Verständnis gehabt wie für das um ein Jahr ältere Kommunistische Manifest von Karl Marx und Friedrich Engels, das die Proletarier aller Länder zur Einigkeit mahnte. Politische Erwägungen scheinen ihm fern gelegen zu haben. Lag es am kleinbürgerlichen Milieu, in dem er sich bewegte? Über eine nach 1848 in diesen Kreisen verbreitete politische Haltung – oder richtiger: Zurückhaltung – klärte Glaßbrenner ebenfalls auf.

Ick bin ein Deutscher, kennt ihr meine Farben?
Sie lachen schwarz-roth-jold uns an un aus!
Det vor die Freiheit meine Brüder starben,
Det is schon recht: allein es ward Nischt draus.
Drum müssen wir es wagen
Und allens still ertragen!

Neben den stumm gewordenen Duldern indessen gab es auch diejenigen, die in einer strikt reglementierten Gesellschaft ihrem Geschäfts- und Karrierestreben mit viel größerer Aussicht auf Erfolg nachgehen konnten. Ihnen stand der junge Carl Bolle unter allen Umständen näher. Er suchte sich in den Verhältnissen, die er vorfand, einen reputierlichen Platz zu erobern. Reaktionäre Gesinnung hätte er sich dabei nicht vorwerfen lassen. Brachte doch der politische Ordnungswille, Berlin als repräsentative Residenz mit anderen europäischen Hauptstädten gleichziehen zu lassen, rein äußerlich sogar manchen Fortschritt mit sich – es kam einfach darauf an, wie die Brille gefärbt war, durch die man das alles sah.

So verhalf englisches Know-how dazu, eine Wasserleitung für Berlin einzurichten. Daß die bewundernswerte Novität zunächst vor allem der Straßenreinigung und der Feuerwehr diente, löste bei vielen Berlinern öfter noch Mißverständnisse aus: In der Gewißheit, daß ja nun sowieso alles weggespült würde, deponierten jedenfalls viele ihre Fäkalien zunächst einmal ohne Hemmung im Rinnstein.

Muß man sich wundern über den Mangel an besserer Einsicht, wenn in der Öffentlichkeit über Fortschrittsfragen sowieso nur selektiv diskutiert werden konnte? Für die Untertanen kam noch jede Veränderung wie ein Geschenk oder ein Verhängnis des Schicksals. Man redete zwar im Salon oder am Biertisch über Möglichkeiten und anzustellende Pläne. Aber besser nicht laut. Wo Einsichten und Aussichten durch unberufenen Mund öffentlich wurden, schaltete sich allzuoft gleich die Zensur ein, die um den Bestand der Obrigkeitsverhältnisse besorgt war.

Einsam entwickelte der romantische Grübler und Publizist Varnhagen von Ense Visionen von einem freiheitlich vereinten Europa. In einem Brief an einen Freund sind solche Gedanken enthalten; denkbar, daß er sie auch manchmal in vertrauter Runde mündlich entwarf. An Publikation war nicht zu denken. Öffentlich war Varnhagen längst kaltgestellt. Das Preußen Friedrich Wilhelms IV. und seine nachmärzlichen Minister erfüllte anderer Geist.

Sehnsucht nach Harmonie und Liebhaberei für die kleine Idylle – unterstützt wohl auch von jener Mischung aus romantischem Eifer und Frömmigkeit, die der Landesherr pflegte – kennzeichnete die Stimmung im bürgerlichen Mittelstand. Es war das Jahr, in dem der Gedanke an das vielleicht erfolgreichste publizistische Projekt des Jahrhunderts aufkeimen konnte: „Die Gartenlaube" wurde erfunden, die ihre Leser für die Zeitspanne mehrerer Generationen zu heiler Praxis des Alltags anhielt, wenn sie nicht auf allerkürzestem Weg ins Traumreich wohlig-sentimentaler Gemütlichkeiten abholte.

Für die Regierungen und das Volk in Deutschland und Österreich konnte ein Zeitzeuge, der Bremer Senator Arnold Duckwitz, rückblickend feststellen, hinsichtlich einer neuen Reichsverfassung sei „nirgends etwas Gewaltiges" sichtbar geworden. In der Aussicht auf das Kaisertum und in der Abneigung „gegen die Extravaganzen der Grundrechte" erblickte der spätere Bürgermeister der Hansestadt die Haupthindernisse – „aber auch unter Vermeidung dieser beiden Punkte war die große Frage (einer politischen Erneuerung) ziemlich hoffnungslos geworden, weil jetzt das Volk durchweg sich ganz gleichgültig verhielt".

Der Mann vom Bau, der aus Rathenow gekommen war, in Berlin sein Glück zu versuchen, war – was denn sonst – ein Kind dieses Volks. Bolle war einer der ersten Zehntausend, die sich in einer aufkommenden Berliner Goldgräberstimmung nach beruflichen Erfolgschancen umsahen. Die Kurve der Zuzügler stieg, und sie sollte in den kommenden Jahren immer steiler anwachsen. Aus Bolles späterem Leben weiß man: Für Konjunkturtendenzen hatte er oft die richtige Nase.

Was er im Anfang der fünfziger Jahre tatsächlich erlebte, war allerdings oft genug bitter. Bolle selbst sprach von „Schindern": Bei den selbständigen Maurermeistern war es üblich geworden, die Kolonnenführer als „Scharwerkspoliere" – eigentlich als Subunternehmer – auf eigene Rechnung arbeiten zu lassen. Damit war es deren Sache, bei der Arbeit den ihnen angemessen erscheinenden Zwischengewinn zu erzielen. Die Maurer hatten infolgedessen Akkordarbeit unter äußerstem Druck abzuleisten.

Noch in späten Erinnerungen meldete sich bei Bolle der Zorn darüber an, daß „durch die Gewerbefreiheit jeder Geselle Unternehmer sein" durfte. Um Aufträge zu bekommen, hätten die Scharwerkspoliere erst billige Preise gemacht, um sich dann durch strengste Arbeitsdisziplin der Bauleute den Ausgleich zu holen.

Das Stichwort „Gewerbefreiheit" war damals vor allem durch die anhaltende Parität der Meinungen in der Frankfurter Nationalversammlung für die deutsche Öffentlichkeit immer mehr zum heißen Eisen geworden. Es ging um die Auseinandersetzung des festgefügten alten Zünfte- und Innungswesens mit Bestrebungen, den Zugang zu Handel und Gewerbe offener zu gestalten. Preußen mit seiner Gewerbeordnung von 1845 war den anderen deutschen Ländern in dieser Hinsicht um etliche Schritte voraus – mit den Folgeerscheinungen, wie sie zum Beispiel Bolle so heftig beklagte. Konnten die Zünfte vor allem bewährte professionelle Solidität für sich geltend machen, so mußten sie sich andererseits auf viele Verkrustungen hinweisen lassen, die sich bei ihnen eingestellt hatten; sie sorgten ja auch dafür, Konkurrenz gar nicht erst aufkommen zu lassen – was ihnen wiederum die Möglichkeit gab, Preise möglichst hoch anzusetzen.

Der oft als ausbeuterischer Unternehmer gescholtene Carl Bolle nahm hier interessanterweise für die Arbeitnehmer Partei. Seinen Platz auf der Baustelle riskierte im liberalisierten Ordnungssystem, wer mit dem Tempo der Nebenleute nicht gleichmäßig mithalten konnte. „Die alten zünftigen Meister schindeten ihre Leute nicht", wie er selbst es nun erleben mußte: Bolle grollte darüber noch nach Jahrzehnten.

Ein solches Schinden der Arbeiter, wie es ähnlich auch in anderen Gewerken stattfand, erregte viel Unwillen und Mißmut und trug schließlich auch mit dazu bei, die Sozialdemokratie (die unter diesem Namen allerdings erst etliche Jahre später antrat) zu fördern.

So nahmen sich die Konsequenzen aus Bolles Sicht aus. Daß Leistungen und Waren billiger wurden, interessierte ihn weniger. Gerade dadurch gewann die Gewerbefreiheit aber weiteren Auftrieb. Mit der Gewerbeordnung von 1869, die vor allem in den siebziger Jahren durch einschränkende und erläuternde Bestimmungen ihre für ganz Deutschland gültige Form fand, wurde alten Privilegien prinzipiell ein Ende gesetzt. Zugleich bedeutete das: Staats-, Religions- und Geschlechtszugehörigkeit waren für die Zulassung zu einem bestimmten Beruf oder Gewerbe keine gültigen Kriterien mehr.

Bolle ließ sich bei seiner Urteilsbildung in diesem Streit von der eigenen Erfahrung als Bauarbeiter bestimmen: Morgens um sechs mußten die Arbeiter den ersten Ziegel in der Hand haben; abends um sieben durften sie um den letzten die Fugen glattstreichen. Für drei Zwischenmahlzeiten und knappes Verschnaufen gab es insgesamt zwei Stunden Pause. Für die Wege von und zur Arbeit rechnete Bolle jeweils eine Stunde zu Fuß. Nicht zu vergessen:

Die Härte des Unternehmers ging so weit, daß wir eines Tages, als unser Gerüst zusammenbrach, nach Hause geschickt wurden, zu feiern, bis das neue Gerüst erbaut war.

Bolle ist längst selbst Unternehmer, als er diese Erinnerung an frühe Berliner Episoden aus seiner Gesellenzeit aufschreibt. Durchaus läßt sich daraus also lesen: Er hätte es nicht fertiggebracht, allfällige Unternehmensrisiken einfach an das Personal weiterzugeben.

Wandersfreud, Wandersleid

Ein Lebensknick, höchst mysteriös

Sie sangen „Die Wanderzeit, die gibt uns Freud", und für manchen von ihnen war das wohl so gut wie das Lied, das sich bei Kindern im finsteren Walde einstellt: Es eignete sich dazu, Schrecken zu mindern. Reines Vergnügen jedenfalls war der alte Handwerkerbrauch, vor dem Erwerb der Meisterwürde „auf die Walze" zu gehen, sicherlich nicht.

Den soll man als Gsell erkennen / oder gar ein' Meister nennen, / der doch nirgends ist gewest, / nur gesessen in sei'm Nest?

Von „Wanderjahren" dürfen wir bei Carl Bolle im übrigen noch nicht einmal reden. Mit dem scheidenden Winter 1851 hatte er sich zwar eiligst auf die Socken gemacht. Es pressierte beim Aufbruch, weil der erziehungsberechtigte große Bruder für dieses Vorhaben nur Mißbilligung hatte. Carl – sieben Taler und nicht mehr in der Tasche – entwischte. Der Kauf einer Bahnkarte bis Jüterbog war allein dazu bestimmt, schnellstens in sichere Entfernung zu kommen.

Nach einem halben Jahr war er mit einer fiebrigen Erkrankung – Genaueres ist nicht zu erfahren – schon wieder zurück, um sich in Rathenow von seinen Schwestern pflegen und wieder auf die Beine bringen zu lassen. Eine ausführlichere Schilderung, mit welchem Streß die Wanderschaft verbunden sein konnte, ist dem späteren sozialdemokratischen Politiker August Bebel zu verdanken, der als junger Drechsler auf der Walz war.

Damals bestand noch Paßzwang, das heißt, es bestand für die Handwerksburschen die Verpflichtung, ein Wanderbuch zu führen, in das die Strecken, die sie durchwandern wollten, polizeilich eingetragen – „visiert" – wurden. Wer kein Visum hatte, wurde bestraft. In vielen Städten ... bestand weiter zu jener Zeit die Vorschrift, daß die Handwerksburschen morgens zwischen acht und neun Uhr auf das Polizeiamt kommen mußten, um sich ärztlich namentlich auf ansteckende Hautkrankheiten untersuchen zu lassen. Wer die Stunde für die Visitation übersah, mußte mit der Abreise bis zum nächsten Tag warten, er bekam kein Visum.

Bebels Wanderschaft begann nur wenige Jahre später als die von Carl Bolle, und schon in dem Jahrzehnt, das auf beider Wanderschaft folgte, sollte diese aus dem Mittelalter überkommene ständische Tradition durch eine von Grund auf neue Gewerbeordnung in Deutschland abgelöst werden.

Daß der spätere Streiter für Arbeiterrechte im Reichstag und der spätere König des Berliner Meiereimarkts einander in Berlin je direkt begegnet sind, ist nicht sehr wahrscheinlich. Der in dörflichen Ordnungen aufgewachsene Bolle war ja alles andere als ein Roter. Dabei hätten sie als ehemalige Tippelbrüder mancherlei Erfahrungen austauschen können. Bebel hat die seinen als Memoirenschreiber mit einiger Ausführlichkeit, immer sehr anschaulich und manchmal humorvoll geschildert.

Beide haben als preußische Untertanen vor allem den deutschsprachigen Süden durchwandert. Um schneller voranzukommen, hatten sich beide auch mal – gegen den Preis hilfreichen Zupackens – von Flößern mitnehmen lassen. Bolle ging es dabei besser als Bebel, der während seiner Reise auf der Isar für seine Verpflegung selbst aufkommen mußte. Bolle hielt an die Donaufahrt, die ihn bis nach Ungarn führte, einigermaßen freundliche Erinnerung fest:

Bei der starken Strömung schossen wir schnell dahin, so daß wir in drei Wochen unser Ziel erreicht hatten. Das Essen bekam ich umsonst, morgens und mittags gequetschte Bohnen mit Speck, sonst nichts; es genügt aber vollauf. Täglich sprang ich in die Donau und schwamm neben dem Floß her.

Beide nahmen, wie es sich gehörte, hier und da bei Meistern kurzfristig Arbeit. Bebel spricht auch völlig ungezwungen darüber, wie notwendig zum Weiterkommen immer wieder das „Fechten" gehörte: Mit alleweil offener Hand nahm der Handwerksbursche die ihm von Haus zu Haus zugebilligten Kupferstücke und Brotscheiben mit. Aus gutem Abstand zum Wandererleben äußerte er sich über die erlebten Härten in einem bemerkenswert gelassen klingenden Ton:

Was mir im späteren Leben oft als ein Rätsel erschien, war, daß ich von allen Märschen, bei denen ich oft bis auf die Haut durchnäßt wurde

Aus armseligen Jugendjahren über die Würde von Handwerksmeistern und Fabrikbesitzern zu höchst unterschiedlichem Einfluß in der Gesellschaft: Bolles einige Jahre jüngerer Zeitgenosse August Bebel erlangte Berühmtheit als Kopf und Stimme der Sozialdemokratie im Reichstag.

und jämmerlich fror, nie eine ernste Krankheit davontrug. Meine Kleidung war keineswegs solchen Strapazen angepaßt, wollene Unterwäsche oder ein Überrock war unbekannter Luxus, und ein Regenschirm wäre für einen wandernden Handwerksburschen ein Gegenstand des Spottes und Hohnes geworden.

Oft bin ich morgens in die noch feuchten Kleider geschlüpft, die am Tage vorher durchnäßt worden waren und am nächsten Tage das gleiche Schicksal erfuhren. Jugend überwindet viel.

Bolle hat es – jedenfalls, was den letzten Satz angeht – anders erlebt. Er fühlte sich am Ende seiner Kräfte, als er per Dampfschiff und Bahn nach wenigen Monaten schon wieder zurück in Rathenow war. In seinem Wanderbuch, in Genthin ausgestellt, waren eigentlich zwei Jahre für die weiter ausgreifende Welterfahrung „anvisiert" worden.

Eberhard Schmieder, der Autor eines Unternehmerporträts von Carl Bolle, kann sein Erstaunen nicht ganz verbergen, wenn er berichtet, „nach verhältnismäßig kurzer Zeit" sei der Heimkehrer wieder gesundet gewesen. Die vorliegenden Angaben über die folgenden Monate lesen sich bei Schmieder und in einer Serie der „Berliner Morgenpost" des Jahrgangs 1936, als wäre die ungewisse schwere Erkrankung schnellstens spurlos verflogen. Aber das geht möglicherweise auf die gemeinsame Quelle zurück. Beide berufen sich auf eine – leider heute nicht mehr auffindbare – autobiographische Niederschrift von Bolles eigener Hand aus dem Jahre 1905.

Wer partout verstehen möchte, was dem jungen Mann seinerzeit widerfuhr und was ihn seelische Knitterfalten davontragen ließ, muß selbst den Versuch unternehmen, sehr verschiedene Unternehmungen und geistige (oder geistliche?) Ansätze, von denen man lesen kann, in eine einleuchtende Reihenfolge zu bringen. Einerseits heißt es, gleich nach seiner Gesundung sei er als Maurergeselle wieder in Berlin anzutreffen gewesen, habe tags auf dem Bau gestanden und sich abends bemüht, in seiner Bildung weiterzukommen. „Er besuchte jetzt nach seiner schweren Tagesarbeit die Baugewerbeschule und nahm außerdem noch Unterricht in Stenographie, in Zeichnen bei dem Landschaftsmaler Biermann und in Französisch bei einem Professor Zimmermann" – so Schmieder. Die „Morgenpost"-Serie weist Bolles Zeit auf dem Bau und seinen neuen Fortbildungseifer zwei voneinander geschiedenen Zeitabschnitten zu.

Bei der Lektüre beider Darstellungen fällt es nicht leicht, Einklang herzustellen mit einem etwa gleichzeitigen, offenbar längeren, tief in sein Leben eingreifenden Aufenthalt im Milower Pfarrhaus. Von seiner „Bekehrung" wird er später sprechen, ohne genauere Anhaltspunkte dafür zu geben, auf welche Weise er diese Verwandlung seines Zustands erlebt hat. Gewiß scheint nur: In dem Zweiundzwanzigjährigen spielt sich vor allem etwas anderes ab als eine fest zu ortende innere Krankheit oder ein schwererer grippaler Infekt.

Wer Erklärungen sucht, wird immer wieder auf den knappen Zeitabschnitt der Wanderschaft selbst zurückkommen müssen: Ist es in diesen Wochen zu einer Erfahrung gekommen, die auf ihn buchstäblich umwerfend gewirkt hat und die ihn zerknirscht oder doch jedenfalls tief erschüttert zurückließ? Es könnte, wenn die doch wohl erheblichen physischen Beschwerden schon so bald überwunden gewesen sein sollten, durchaus etwas passiert sein, worüber er sich nicht aussprechen wollte.

Heilsalbe aus Gilead

Carl Bolles Bekehrung

Die Bibel erzählt ihren Leserinnen und Lesern die Geschichte von Josef, für den alles verloren schien. Seine Brüder hatten den jungen Mann voller Zorn in eine Grube geworfen. Hoffnungslos lag er da, bis eine Karawane mit überraschendem Wohlgeruch nahte. Balsam und Räucherzeug aus Gilead führten die Kaufleute mit sich: Produkte aus heimischen Bäumen, die in Ägypten auf den Markt gebracht werden sollten. Die Reisenden ließen sich den jungen Mann von seinen mißratenen Brüdern aus dem Loch heraufziehen, zahlten ein ausgehandeltes Sümmchen und hofften, auf den Sklavenmärkten am Nil mit seiner unverbrauchten Arbeitskraft einen guten Gewinn zu erlösen.

Ohne Josef – weiß Gott –, ohne seinen Wiederaufstieg aus der für ihn völlig verfahrenen Situation wäre wohl die biblische Geschichte erheblich anders verlaufen. Und vielleicht hätte auch der Prophet Jeremia ohne diesen Bericht über Josef keinen Anlaß gefunden, nach einem Heilmittel aus der wegen ihrer Wohltaten gelobten Landschaft zu rufen: „Ist denn keine Salbe in Gilead, oder ist kein Arzt da? Warum ist denn die Tochter meines Volks nicht geheilt?"

Das alles ist ins Gedächtnis zu rufen, damit wir einen Empfehlungsbrief des Milower Pfarrers Esche für den jungen Carl Bolle richtig verstehen. Kurz nach Bolles abgebrochener Wanderschaft ist das Schreiben entstanden. Esche ist um dessen Weiterkommen bemüht. Nun freilich weisen neue Pläne in eine ganz unvermutete Richtung.

Einige Wochen vor Ostern 1853 führte ihn der Herr in unser Haus, und seine Gnade ließ es geschehen, daß er hier den Balsam aus Gilead finden sollte. Nicht plötzlich und oft mit Widerstreben ließ er sich von des Herrn Erbarmen ziehen. Er fing nun an, die lange vernachlässigte heilige Schrift und daneben passende Erbauungsbücher zu lesen, sodann die Gottesdienste fleißig zu besuchen und über die gehörten Predigten sich auszusprechen. Es war erst ein Anfang, aber der Herr hatte sichtbar sein Werk mit ihm.

Esche hatte erst drei Jahre zuvor im Milower Pfarrhaus als Nachfolger von Pastor Hülsen Einzug gehalten. Der neue Milower Pfarrer und nicht zuletzt dessen Frau, eine geborene Engländerin, waren von anderem Holz als Vorgänger Hülsen. Dem Brief nach Berlin ist anzumerken, daß Esche die Menschen wohl kritisch zu beobachten verstand, daß er aber strikt um pastoral-abgehobene Wortwahl bemüht war.

Vom Mai bis zum Herbst ging er (Carl Bolle) nach Berlin, wo der Herr nicht unterließ, ihn weiter zu treiben. Mir ganz unerwartet meldete er es als seinen Herzenswunsch, daß er Missionar werden möchte. Es war mir lange ungewiß, ob es vom Herrn komme oder nur die Eingebung eines erregten unklaren Gemütszustandes sei. Darum schien es mir Gewissenssache, tief auf den Grund zu kommen, zunächst aber den ausgesprochenen Entschluß als übereilt darzustellen, insbesondere aber meine Zweifel an der Tüchtigkeit und Beständigkeit unumwunden auszusprechen. Es wurde nichts unterlassen, ihm den ausgesprochenen Entschluß als übereilt darzustellen.

Aber Bolle war nicht mehr zu beirren.

Sein Entschluß wankte nicht, sondern es stellte sich allemal eine sichtbare Betrübnis darüber ein, daß man seinem aufrichtigen Wollen mißtraue. Da mußte ich erkennen, daß der erbarmende Herr und Heiland sich seiner angenommen und Seine Wege und Steige gewiesen habe.

Diese Esche-Zitate sind einem Aufsatz des Theologen Julius Rieger im Jahrgang 1974 des Berliner Sonntagsblatts zu entnehmen. Der wiederum hatte seine Kenntnis aus einer Personalakte bei der Berliner Mission, die sich zur Zeit unserer Nachforschungen nicht mehr auffinden ließ. Der Aktendeckel für die Bolle-Personalien war leer – bis auf wenige später entstandene Hinweise auf den einstigen Missionsseminaristen.

Durch Rieger ist zu erfahren, wie sich Esche beim Missionsseminar für den jungen Milower eingesetzt hat.

An seiner Liebe zum Herrn Jesus kann ich nicht mehr zweifeln, sondern muß es als meine Überzeugung aussprechen, daß nunmehr, nachdem der Herr ihm geholfen, durchzukämpfen, es die volle treue Liebe zum Heiland ist, welche ihn wie unwiderstehlich in des Herrn besonderen Dienst, in den Dienst der Mission zieht.

Hält man sich bei den von der Berliner Mission verwahrten „Berichten über die Missionszöglinge" an den schon zitierten und einzig verbliebenen Originalvermerk über den Seminarzögling Bolle, dann hat Pfarrer Esche den jungen Mann „3/4 Jahre lang sorgfältig bewacht und geprüft" –

– gegen Ende 1853 wurde er aber von diesem glaubwürdigen Manne als ein hoffnungerweckender brauchbarer Missionsaspirant dringend hierher empfohlen. Von Januar bis März nahm er, auf eigene Kosten in der Nähe des Missionshauses wohnend, an dem Seminar-Unterricht teil und wurde auf Grund guter vom Inspektor für ihn gefaßter Hoffnungen in das Seminar aufgenommen. Er besitzt einiges Vermögen.

Was wohl heißen soll: Er kann für seine Ausbildung mehr oder weniger selber aufkommen. Über den persönlichen Hintergrund Bolles kann der Mann im Missionshaus, Pastor Mühlmann, berichten, zu Ostern 1853 habe ihn Esche, „der ihn liebgewonnen und der selbst kinderlos war, einstweilen in sein Haus aufgenommen".

Seine Führung war eine unsittliche und unkirchliche gewesen, aber Glaubenslehre hatte er auch nicht. Hier im Hause des gläubigen, in seiner Gemeinde mit großem Segen wirkenden Pfarrers wurde er von Christo kräftig angerührt, und wurde nach dem Zeugnis seines Seelsorgers ein neuer Mensch.

Woher wußte Pastor Mühlmann das so genau? Aus Selbstäußerungen Bolles? Das wäre denkbar. Wahrscheinlicher ist, daß seine Beurteilung sich einfach an Pfarrer Esches Informationen anlehnt. Nicht erwähnt wird (aber auch das mag an Esches Darstellungen liegen) dessen fromme, aus England stammende, beim Fall Bolle engagiert mitwirkende Frau. Sie, die Kinderlose, nahm sich des hilfebedürftigen jungen Mannes besonders nachdrücklich an. Sie bimste Englisch mit ihm. Zu Fragen der Lebensführung nahm sie ihn ins Gebet. Und – sie las mit ihm Erbauungsliteratur. Zum Beispiel: „The Saints' Everlasting Rest" von Richard Baxter.

Das war ein internationaler Bestseller aus dem Spätpuritanismus. Baxter hatte von 1615 bis 1691 gelebt. Eine „wohlfeilste vollständige Ausgabe" in deutscher Sprache ist (in der neunten Auflage) noch 1915 erschienen. Ein Dauerbrenner frommer Selbstbesinnung also:

„Die immerwährende Ruhe der Heiligen". Was hatte diese Schrift einem jungen Mann um die Mitte des 19. Jahrhunderts zu sagen?

Baxter, einer der herausragenden Lehrer und Prediger des Puritanismus, hatte sich mit großer Intensität an die beunruhigten Gewissen gewendet, denen es nicht gelingt, ihre Skrupel bei der Suche nach persönlichem Heil selbst zu durchschauen und damit auch zu überwinden. Wie muß einer beschaffen sein, der Seligkeit sucht? „Das Erste ist die Berufung", antwortete Baxter. Zweitens forderte er („O daß doch die unwiedergeborenen Weltkinder dies einsehen und glauben möchten ...") die Wiedergeburt, jene Umwandlung des ganzen Menschen, von welcher Jesus im Johannesevangelium spricht: „Es sei denn, daß jemand von neuem geboren werde, kann er das Reich Gottes nicht sehen." Bolle lernte von Baxter:

Was bei der Wiedergeburt zuerst vorgeht, ist, daß der Sünder durch den heiligen Geist von dem Verderben seines Seelenzustandes überwiesen wird, daß er einsieht und fühlt, wie die Sünde ein viel größeres Übel ist, als er bisher es sich gedacht hatte. Er entdeckt nun die bisherige Abscheulichkeit seines Herzens, wie er voll Fleischeslust, Stolz, Geist, Neid, Zorn, Haß, Feindschaft, Ungerechtigkeit und Gottlosigkeit war, wie er die heiligen Gebote Gottes mit Füßen getreten, das Wort Gottes verachtet, Christum verleugnet, verspottet und gelästert hat.

Machtvoll hören wir hier die Nachtigall trapsen, die in der vorhin zitierten Bolle-Charakterisierung aus dritter Hand schlicht und wenig aufschlußreich etwas von unsittlicher Führung und Unkirchlichkeit flüstert. Um einmal andere Worte zu wählen: Der junge Bolle war in der Verzweiflung über sein eigenes Ungenügen mit dem Himmel und mit sich selbst nicht mehr in Übereinstimmung gekommen. Deswegen suchte er Erneuerung seiner geistigen Lebensgrundlage – und fand, mit Frau Esches Hilfe, derb formulierten Rat bei Richard Baxter.

Wie einer, der von einem Löwen verfolgt wird und die Beute desselben wird, wenn er nicht plötzlich einen sichern Zufluchtsort findet, nimmt er seine Zuflucht zu Christo und wirft sich Ihm in die Arme. Er hat keine andere Wahl. Entweder Christum muß er haben, der ihn erlöst, oder er kommt ewig in die Hölle.

Als Erneuerer der Reformation weiß Baxter allerdings auch: Diese Verwandlung des Menschen wird letztlich bewirkt aus Gottes

Gnade. Einmal in Gang gebracht, kann sie sich durchaus auch Stufe für Stufe weiterentwickeln. Von der Nichtigkeit alles Kreatürlichen ist da zu lesen, vom Verlangen nach Erlösung, von Rechtfertigung, von Heiligung gar.

Für Leser von heute ist das oftmals eine beschwerliche Sprache. Aber lassen wir dahingestellt, ob die Kanzelverkündigung der Kirchen genug getan hat, zu triftigerer und zeitgerechterer Formulierung zu kommen – dieser junge Mann war seinerzeit zugänglich dafür. Er fand in der gegebenen Beschreibung seine Situation wieder. Und wenn er sich vor die Wahl zwischen Himmel und Hölle gestellt sah, um aus dem irdischen Durcheinander überhaupt einen Ausblick aufs dauerhaft Verläßliche zu finden, so konnte die „Bekehrung", die er erlebte, aus ihm keinen in sich gekehrten Weltflüchtling machen.

Alles, was das Leben behindert hat, läßt er in der Tat Stufe um Stufe zurück. Er wird immer entschlußfreudiger. Er läßt sich von Rückschlägen nicht lähmen. Bald wird er sich nicht einmal genieren, beherzt mit Geld zu hantieren und Gewinne zu machen. Er zeigt Geschäftssinn – immer verbunden mit dem Bewußtsein, im biblischen Sinn „anvertraute Pfunde" verwalten zu müssen.

Wenn Max Webers gedanklicher Brückenschlag vom Protestantismus zum Kapitalismus heute auf Zweifel stößt, so kam er doch nicht von ungefähr. An den deutschen Pietistenvater August Hermann Francke (1663–1727) braucht man nur zu denken. Seine Bekehrung hatte er erlebt, „als hätte ich einen Flor vor den Augen". Aber den behielt er nicht für sein weiteres Leben. Hochaktiv gründete er alsbald seine Stiftungen – das Hallenser Waisenhaus an erster Stelle –, rief wohltätige Gesellschaften, eine Apotheke und eine Buchhandlung ins Leben, zeigte Geschäftssinn: ein Manager im Pastorengewand, dem kein Tag zu kurz war, Neues auf die Probe zu stellen. Aufgebrochen war er, den „Fußstapfen Gottes" zu folgen.

Mit anderen geistigen Voraussetzungen, aber ähnlichen Sinnes kann einem Carl Bolle vor Augen stehen, der im März 1854 mit seinem Wunsch, als Seminarzögling ins Haus der Berliner Missionsgesellschaft aufgenommen zu werden, nach mehrwöchigem Gaststatus endlich Erfolg hat. Er zieht die damalige Fassung seines Lebenslaufs noch einmal hervor und fügt einen Nachsatz an: „Damit hatte der Herr mein Gebet erhört."

Laufbahn mit Irrwegen

Bildungsversuche – mißglückt

Den Ausschlag hatte – vermutlich im Herbst 1853 – ein Missionsfest in Hohennauen gegeben. Möglich, daß Pfarrer Esche den Ausflug dorthin für Mitglieder seiner Milower Gemeinde organisiert hatte. Die Hin- und Rückreise hätte aber auch mit einem Pferdegespann keine kleine Anstrengung bedeutet. Wenn Carl Bolle das Missionsfest allein besucht haben sollte, dann ging er jedenfalls zu Fuß und verbrachte am Ort des Ereignisses wenigstens eine Nacht.

Man unternimmt so etwas nicht, wenn sich nicht mit dem Plan schon gesteigerte Erwartung verbindet. Daß Bolle sich in einer Phase beunruhigten Suchens nach Sinn und Lebenserfüllung befand, wissen wir schon aus den Äußerungen von Pfarrer Esche. Der Tag in Hohennauen ließ ihn eine Richtung finden, die er nun einschlagen wollte: Mission. Heidenpredigt. Den Unerlösten eine Hoffnung vermitteln.

Zu Missionsfesten wurde von regionalen Missionsvereinen geladen. Auch Menschen auf dem Lande wurden damit Gelegenheiten geboten, sich bei Berichten vom „Missionsfeld" sowie beim Betrachten völkerkundlich interessanter Kunst- und Gebrauchsgegenstände mit einem Hauch von Exotik anwehen zu lassen. Die Spender für die Missiontätigkeit wurden dankbar gefeiert und neu angespornt, weiterhin ihre Münzen in die „Missionsneger" zu stecken – Sammelgefäße, auf denen eine Afrikanerfigur jeden Einwurf mit dankbarem Nicken quittierte. Bei den Missionsgesellschaften ging es nicht üppig zu, und sicherlich kam es nicht nur bei der Berliner Mission manchmal zu Defiziten, die den Verantwortlichen das Haar rasch grau werden ließen.

Im Dorf Hohennauen gab es 1853 jedenfalls einen Redner, der große Begeisterung auslöste – soviel (und leider nicht mehr) weiß man aus den Mitteilungen von Bolle selbst. Pastor Brennecke aus Carow predigte mit solcher Eindringlichkeit, daß sich die eröffneten

Gedanken und Perspektiven im Gemüt Bolles mit Langzeitwirkung festsetzten. Daraus erwuchsen Überlegungen zur eigenen Zukunft, mit denen er schließlich ratsuchend das Ehepaar Esche aufsuchte. Bolles Unruhe, die er ja nicht von einem Tag auf den anderen abgelegt haben kann, läßt ahnen: Er wollte in solcher Tätigkeit auch Selbstvergewisserung suchen. Glaube braucht Übung. Wer selbst formulieren muß, worum es dabei geht, verschafft sich nicht zuletzt auch größere Klarheit. Gewinnt Sicherheit. Verschafft sich Vertiefung.

Nicht nur Esches sind davon überzeugt, daß ihr Sorgenkind auf richtigem Weg ist. Auch Pastor Mühlmann, Missionsinspektor im Seminar der Berliner Mission, gewinnt bald die Einsicht, daß Bolles fromme Redlichkeit keinerlei Zweifel verdient.

Durch eine kindliche Offenheit und Zutraulichkeit hat er sich auch mein Zutrauen und meine Liebe in einem besonderen Grade erworben ... Seine Mitzöglinge lieben ihn. Eine große Dienstfertigkeit, auch wenn sie Selbstverleugnung kostet, gehört zu den besonders löblichen Zügen seines Charakters.

Das Herz trägt er nach den so beschriebenen Erfahrungen des Missionsseminars schon auf dem richtigen Fleck. Ob indes auch Intelligenz und eingebrachte Bildung soviel Anerkennung verdienen, weiß Mühlmann, wenn man seine Äußerungen genau liest, nicht so genau. „Bei mäßig guten Anlagen und bei stetig angestrengtem Fleiß" habe Bolle „in allen Lektionen gleichmäßig befriedigende Fortschritte gemacht" – weiter, wird ausdrücklich bemerkt, sei mit dem Lob aber nicht zu gehen.

In den Unterrichtsstunden habe es ihm oft an der nötigen Beherztheit zum Antworten gefehlt – „wie ihm denn überhaupt schnelles und klares Denken schwerfällt". Bei der Beurteilung seines Betragens gegenüber den Lehrern – „ehrerbietig, gehorsam und bescheiden" – kann man vermuten, daß ein Ausnahmefall, zu dem es eben doch irgendwann kam, in seiner Bedeutung heruntergespielt werden sollte.

Unbescheidenes Auftreten? Ein Zornesausbruch? Eine spontane Handgreiflichkeit gar? Mühlmann klärt seine Andeutung nicht auf; er kann den ominösen Vorfall wohl nur nicht völlig unerwähnt lassen und gibt sich im folgenden gleich wieder Mühe, dem Zögling aus dem Füllhorn seines Wohlwollens Blumiges auf den Weg in die Zukunft zu streuen.

Zur Lektüre und Analyse von Zeugnistexten bedarf es im vorliegenden Fall keiner größeren Kunstfertigkeit: Als Mann mit auffälligen Intuitionen und Geistesgaben ist der junge Bolle nach den Mühlmannschen Ausführungen nicht zu erkennen. Unübersehbar bleibt jedoch: Dieser Mensch meint alles ernst. Er ist kein Träumer mehr, der sich spielerisch und naiv Zukunft entwirft. Was hinter seiner Art und seinem Wesen auch immer stehen mag: Er hat seine Richtung gefunden. Gefestigt wirkt er. Und verläßlich. Was das Allerwichtigste ist, wenn einer Missionar werden will. Denn das bedeutet ja: ganz auf sich selbst gestellt leben können – unter Menschen, mit deren Alltagskultur es keinerlei Gemeinsamkeit gibt. Vom Punkt Null an die ganze Existenz neu errichten – auf anderer Erde, in anderem Klima, unter unbekannten Gefahren.

Um Leute für einen solchen Auftrag zu qualifizieren, bedarf es hochkarätiger Lehrer und Trainer. Leider war es um das Seminar der Berliner Mission zu Bolles Ausbildungszeit in dieser Hinsicht nicht gut bestellt. Missionsinspektor Mühlmann hatte sich mit einem Kollegen auseinanderzusetzen, der wohl lutherischer als Martin Luther sein wollte und der sich als Pastor wegen dieses Eigensinns schon aus der badischen Landeskirche hinauskatapultiert hatte. Merkwürdig genug, daß dieser Pastor, Haag hieß er, daraufhin in den Gefilden der preußischen Kirchenunion Unterschlupf fand, wo ja die Lutheraner mit den Calvinisten in Koexistenz leben mußten.

Worum es bei den Auseinandersetzungen im einzelnen ging, ist kaum mehr zu erkunden. Nach allem, was in Erfahrung gebracht werden kann, war bei Haag eine gewisse Streitsucht im Spiel. Eine böse Lust am „Mobbing", würde man heute sagen, die sich auch im Zögling Bolle ein Objekt suchte. „Bolle legt Basiliskeneier": Die Urheberschaft an dem Gerücht (eine allegorische Anspielung auf Schauerlegenden über ein dem Reich des Bösen entsprungenes Untier) wurde Haag zugeschrieben.

Wenn der Betroffene sich als verletzt und gedemütigt empfand, so muß man das nicht als Folge einer etwa vorhandenen Humorlosigkeit deuten. Denn wie Pastor Mühlmann gerieten auch andere Seminaristen mit Haag über Kreuz. Die Spannungen gingen so weit, daß einige Mitschüler das Seminar wegen der Haagschen Stänkereien wieder verließen. Auch Bolles Abbruch der Ausbildung zum Missionar wird schließlich in Zusammenhang mit diesen Mißständen gebracht.

Halten wir die Sachlage so fest: Mit dem gewaltigen Lerndruck, unter den sich Bolle gesetzt sah (und unter den er sich auch selbst gesetzt hatte), blieben gesteigerte Empfindlichkeiten verbunden. Übergroßer Streß mindert Immunität. Darum waren diese bösartigen Quengeleien, die den Seminaristenalltag umgaben, für den jungen Bolle oft nicht auszuhalten. Und weil er doch nicht aufgeben wollte, suchte er wieder einmal einen anderen Weg zu seinem Ziel: Abitur wollte er zunächst einmal machen, um dann richtig studieren zu können.

Fünfundzwanzig Jahre alt war er mittlerweile geworden. Er griff wieder zur Maurerkelle und memorierte Griechisch, während er Ziegel zu Ziegel setzte. Zu kleinen Fortschritten verhalf Pastor Martiny vom Friedrich-Wilhelms-Gymnasium, während ein Dr. Bernhardt ihm lateinische Privatstunden erteilte, die immerhin bis zur Lektüre von Livius und Cicero führten. Doch die Aufnahmefähigkeit seines Kopfes stieß immer öfter an unüberwindliche Grenzen.

Als Maurer hatte ich dann noch Privatunterricht in der Mathematik bei dem Hilfslehrer der städtischen Baugewerksschule. Ich konnte mir hier ein ziemlich sicheres Wissen aneignen und war stets mit eigenem Nachdenken bemüht, alle Schwierigkeiten zu lösen.

Wir sind immer noch im Jahr 1857. Die Unruhe läßt ihn nicht los. Mal: Halle. Mal: Berlin. Längere Zeit auch in Pommern: Stettin, Köslin. Dort endlich wollte er es mit der Prüfung versuchen. Als „Wilden" ließ die Behörde ihn zu. Doch nun traf es ihn wie ein Schlag. „Einen starken Druck" empfand er plötzlich im Kopfe, „und alles Denken hörte auf". Bei den Prüfungsarbeiten in Deutsch konnte er den Ansprüchen gerade genügen. Den Zusammenbruch löste eine Mathematikarbeit aus. In allen weiteren Fächern fiel er schon im schriftlichen Teil hoffnungslos durch.

Man spräche heute wohl salopp von einem „Filmriß". Was geht da vor sich? Bäumt sich das Gehirn auf gegen Strapazen, für die es nicht angelegt ist? Läßt sich ein Mensch fallen, weil ihn Selbstzweifel umklammern und weil sie ihm für seine Initiativen und Pläne keine Chance mehr lassen? Ein Zusammenbruch jedenfalls, mit dem sich auch physische Qualen verbanden. Nichts wollte helfen gegen das Dauerbohren des Schmerzes im Kopf. Die Ärzte sahen wohl bald, daß nicht viel auszurichten gewesen wäre mit Pillen oder mit Kräutern. Sie verabreichten ihm einen dringenden Rat: Ab sofort seien alle Gedanken ans Abitur zu vergessen.

Alles im Griff

Meistens jedenfalls gehen die Rechnungen auf

In der Beschränkung auf seinen erlernten Beruf wird Bolle endlich zum Meister. Der Ort, an dem er die Maurermeisterprüfung ablegt, ist Eberswalde. Aber da wird er nicht bleiben. Er hört auf den Rat, nach Plaue zu gehen. Plaue, nahe Brandenburg gelegen, am Ausfluß der Havel aus dem Plaueschen See, hat immerhin Stadtrecht und (seinerzeit) seit gut hundert Jahren durch den Plaueschen Kanal, der die Havel mit der Elbe verbindet, einige Bedeutung für den Wasserverkehr. Doch allzubald stellt sich heraus: Carl Bolles Glück liegt hier nicht.

Für ein Baugeschäft, wie er es nun betreiben möchte, bietet das Städtchen nicht die erwünschten Fortkommenschancen. Wer heute einmal hinkommt, kann nachvollziehen, welche Einsicht sich bei Bolle bald einstellen mußte: Fischer- und Ferienidylle aus Einfamilienhäuschen herrschen fast überall vor. In der Gegenüberstellung zu ihnen macht die ehemalige Ritterburg der Quitzows einen beinahe überwältigenden Eindruck. Für eine Erfüllung von Bolles Zukunftsträumen aber zeigte sich nirgends Gewähr an.

Vielleicht drängt auch Sophie Bolle geb. Maltner zurück nach Berlin, wo die beiden im Herbst 1860 geheiratet haben. In der Preußenhauptstadt ist sie zu Hause. Dort hat sie für die Chancen gewerblicher Selbständigkeit von Kindsbeinen an eigene Anschauung gehabt: Was man daheim brauchte, kam aus Mutters Nähschule ein, wo manchmal zwanzig, manchmal vierzig Mädchen mit Nadel und Schere umgehen lernten. Und was an Gelungenem dabei herauskam – Gardinen und Wäsche aus gebleichtem und unbedrucktem Baumwoll- oder Leinengewebe, auch Weißstickereien –, gelangte zum Verkauf in die Auslagen und Regale des Metznerschen Weißwarengeschäftes, Ecke Mohren- und Markgrafenstraße.

Sophie: Von den vielen ernsten Begleiterscheinungen ihres Lebens haben wir später noch zu erzählen. Sie hatte Carl kennengelernt, als er partout noch das Abitur machen wollte, und sie selbst wollte wohl auch keine kleinlichen Erwartungen hegen, wenn es bei den gemeinsamen Zukunftsträumen um den anzustrebenden bürgerlichen Stand und um den Lebensstil ging. Außerdem wußte sie: Erfolg hat seinen Preis.

Solche Einsicht ist auch aus der Art und Weise zu schließen, in der Carl Bolle die Dinge nun anpackt. Daß er dazu neigt, sich viel vorzunehmen, zu viel manchmal: so haben wir ihn schon kennengelernt. Die Selbstsicherheit aber, mit der er neuerdings auftritt, ist ein noch ganz unvertrauter Zug an seinem Wesen.

Vom Vatererbe ist ihm allenfalls noch die Hälfte auf dem Konto verblieben. Damit kommt der Jungunternehmer nicht weit. Er geht borgen, und er erscheint dabei auch Privatleuten, einem Gymnasialprofessor zum Beispiel, so vertrauenerweckend, daß sie ihm gegen sechs Prozent Zinsen ohne Sicherheit ihr erspartes Kapital anvertrauen. Sein erstes Baugrundstück liegt an der Ecke Möckernstraße/Hallesche Straße.

Mindestens vier Stockwerke hoch soll das Haus werden. Rund um das Grundstück breiten sich noch Brachland und grüne Wiese. An den Anhalter Bahnhof mit der weitesten aller freitragenden Hallen Europas, der später gleich nebenan gebaut werden wird, ist vorläufig nicht zu denken. Vor allem gibt es eine offene Frage, die nicht einmal von den zuständigen Behörden zu beantworten ist: Muß das Mietshaus, das der Unternehmer Bolle aufstellen will, einen Vorgarten haben, oder dürfen die Mauern unmittelbar ans öffentliche Straßenland herangeführt werden?

Die Beamten vertrösten, halten hin, fordern Geduld, sagen ihre Sprüche („Das ist noch nicht durch" – oder so ähnlich) und hindern Bolle, seine zusammengepumpten 60 000 Taler in den Wirtschaftskreislauf zu bringen. Na, kennenlernen sollen die ihn. Zunächst wird er bei Polizeipräsident von Sedlitz anklopfen. Dann wird er sich bei Handelsminister von der Heydt anmelden lassen. Als sich herausgestellt hat, daß er auch bei denen keinen Fortschritt erreicht, begibt sich der Bittsteller über den allerkürzesten Dienstweg nach „ganz oben". Zum König, zu Wilhelm I. also.

Der Flügeladjutant und die anderen Herren im Vorzimmer sind offensichtlich perplex, daß Seine Majestät mit der Erörterung um nicht vorhandene Vorgartenregeln befaßt werden soll. Deswegen sind sie auch mit ganzem Ernst bei der Sache. Verbindliche und überaus freundliche Gesprächspartner darf der Besucher erleben. Und wenn er zwar nicht bis zur Nummer 1 vordringen kann, so läßt sich doch schnell die Gewißheit gewinnen, diesmal den richtigen Weg eingeschlagen zu haben. Ein paar Stunden später bereits wird die Baugenehmigung übermittelt.

„Wohnhäuser mußten auf kleinstem Grund und Boden billig und schnell gebaut und vom Kellergeschoß bis zum vierten oder fünften Stockwerk vermietet werden": Kurz und klar wird die für den Bau nun anstehende Aufgabe von Bolle-Biograph Eberhard Schmieder umrissen. Berlins Wohnungsnot wird weiter wachsen. Vor allem Arbeiterfamilien gilt es unterzubringen, und die brauchen möglichst billigen Wohnraum. Mit dieser Erkenntnis ist Bolle nebst etlichen anderen Bauunternehmern der allgemeinen Entwicklung vorweg.

Am 1. Oktober 1861 können die ersten Bewohner einziehen. Bolle selbst gehört dazu, weil die eiserne Sparsamkeit, die er sich zum selbstverordneten Fleiß auferlegt hat, es so verlangt. Spart er hier doch mehr als die Miete, die er anderswo ausgeben müßte. Noch dringen Feuchtigkeit und Mörtelgeruch aus allen Fugen – für solche Grotten mag niemand ein normales Mietgeld bezahlen.

Wer jetzt einzieht, ist „Trockenwohner" und kann auf Preisnachlaß pochen. Bei ungezählten Familien in Berlin ist das Trockenwohnen ein verläßlicher Posten im Budget: Geld, das man nicht ausgeben muß. Sind die Wohnungen trockengewohnt, wird es für die Erstbewohner Zeit, nach einem neuen Frisch-und-Feucht-Quartier Ausschau zu halten. Kein gesundes Leben zwar, aber man hat, immerhin, ein Dach überm Kopf.

Nicht nur einmal nimmt die Familie Bolle auf diese Weise Station im Arme-Leute-Quartier. Wer auf dem Bau Tag für Tag unter hohem Risiko beträchtliche Summen umsetzen muß, findet beim Auf und Ab der Gewinne wohl öfter Anlaß, zum Pfennigfuchser zu werden. Oder soll man den Eindruck gewinnen, der Mann, der erst nach mehreren Anläufen auf einen wirtschaftlich erfolgversprechenden Lebenskurs kam, wolle sich durch Entsagung selber bestrafen? Dabei träfe solche Strafe ihn selbst doch am geringsten. Das Tages-

*Feucht und kalt –
das ganze Leben:
Drastischer als bei
Zille sind die
Lebensumstände
der „Trocken-
wohner" kaum
darzustellen. Eine
Existenz, die Carl
Bolle in den
Berliner Anfangs-
jahren aus
Ersparnisgründen
der eigenen
Familie zumutete.*

licht sieht ihn, den mittlerweile Dreißigjährigen, so gut wie stets auf
dem Bau und auf dem Wege zu Terminen geschäftlicher Art. Früh
bricht er auf, spät kommt er nach Hause.

Wir haben Anlaß, eine weitere Erklärung für sein Knausern in
Erwägung zu ziehen. Manches – darauf werden wir zurückkommen
müssen – spricht dafür, daß Bolle sich mit vielen Skrupeln in den
Dienst der endlich gefundenen Lebensaufgabe stellt: Gewinne, wo
sie sich einmal ergeben, wollen wiederum zum Nutzen dieser Aufgabe eingesetzt sein. Der Gedanke an die „anvertrauten Pfunde" des
neutestamentlichen Gleichnisses ist dem Bekehrten allgegenwärtig.

Nichts davon wird er mitnehmen können, wenn sich seine
Lebens- und Leistungskurve geneigt hat. Dem letzten Richter, an
den er glaubt, möchte er selbstlos eine ordentliche Abrechnung vor-
legen können. Frommer Eifer vor allem treibt ihn an, Geschäfte zu
machen – und sparsam zu bleiben.

Seine Frau, die nicht minder fromme Sophie, hat frühzeitig Konsequenzen zu tragen. Bewußt ist ihr das wohl sowenig wie ihm. Doch die Ausdünstungen der Wände legen sich ihr auf die Bronchien. Bald schon wird ihre Gesundheit zum Anlaß immer neuer Besorgnis. Was Ursachen und Zusammenhänge betrifft, so wird Bolle erst viel später zu Einsicht gelangen.

Das öftere Beziehen neuer Wohnungen ist viel schuld gewesen an der dauernden Kränklichkeit meiner lieben Frau. In meinem ersten selbstgebauten Berliner Hause wurden uns am 10. Juli 1861 Andreas und Johannes unter sehr schweren Umständen geboren. Danach bekam meine Frau Typhus und lag lange schwerkrank. Sie trug alle Schmerzen und Leiden in größter Geduld und war stets zum Abscheiden bereit.

Unterdessen hat Bolle vorerst vor allem die schnelle und gewinnträchtige Ware im Kopf, für die in Berlin so übergroßer Bedarf ist. Noch liegt der Generalbebauungsplan von 1862 nicht auf dem Tisch. Bolles erstem Haus aber folgt gleich das zweite, und als er beide alsbald wieder verkauft, springen als Reingewinn 10 000 Taler heraus.

Hut ab, mag sich mancher unter den zeitgenössischen Beobachtern sagen. Erfolg weckt Vertrauen. Bald vertrauen auch eher zögerliche Kreditgeber dem Erfolgsspekulanten, der sich zugleich als biederer, kreuzbraver Handwerksmann zeigt, ihre Ersparnisse an. Ein Schwager zum Beispiel steigt beim Geschäft zu. 17 000 Taler bringt er bei immer steiler werdender Konjunkturkurve mit. Genau doppelt soviel – 34 000 also – stehen innerhalb Jahresfrist auf seinem Konto. Und wir dürfen uns wohl darauf verlassen, daß Meister Bolle auch seinen Reibach gemacht hat.

Begriffe von Recht und Moral, wie sie heute allgemein geläufig (wenn auch bei weitem nicht alleweil gang und gäbe) genannt werden können, zählten bei solchen Geschäften beileibe nicht immer. Wie sich zum Beispiel für einen skrupellosen Staatsbediensteten aus Insider-Kenntnis Profit schlagen ließ, ist trefflicher nicht zu beschreiben als von Eberhard Schmieder in seinem Bolle-Beitrag für „Tradition. Zeitschrift für Firmengeschichte und Unternehmerbiographie":

Carl Bolle trat auch in Geschäftsbeziehungen zu einem Baron, dem als Bauinspektor im Handelsministerium bekanntgeworden war, daß

der alte Schafgraben zum Landwehrkanal ausgebaut werden sollte und
der in der Nähe des Zoo Ackerland aufgekauft hatte. Bolle sollte nun
einzelne Grundstücke dieses Spekulanten verkaufen.
Als Strohmann also. Sein Glück ließ ihn bei dieser Gelegenheit
freilich im Stich. Er wurde – so Schmieder – „um die zugesagte Pro-
vision von 10 Prozent des Grundstückswertes so gut wie vollständig
betrogen". Bei dem ganzen Geschäft blieb allerdings die Liegen-
schaft Lützower Ufer 31 (damals noch Nummer 20) in Bolles Besitz
– ein nicht ganz kleines Areal, von Budapester Straße, Wichmann-
straße und Keithstraße in trapezförmigem Grundriß umgrenzt.
Auch hier zog er alsbald wieder selbst ein – mit Familie und Firma
und mit dem eisernen Vorsatz, mehr daraus zu machen.

Gott und Geld

Wenn Glaube die Hand aufs Portemonnaie hält

1862 traf Fontane in Berlin einen alten Bekannten. Dem sprühte der Geist der Zeit aus dem Gesicht, und der immer noch glücklose Dichter wird den markantesten Satz, den er dabei gehört hatte, nicht ohne ein mokant-wehmütiges Lächeln zu Papier gebracht haben: „Jetzt muß Geld und Weltgeschichte gemacht werden." Aus der Perspektive des Buchstabenwerkers wollte sich seinerzeit nämlich keine so vielversprechende Aussicht ergeben.

Geld und Weltgeschichte? So forsch hätte Carl Bolle das nicht gesagt. Aber der Gedanke lag auch für einen bedächtigen Kaufmann nicht fern. Ein neuer Ministerpräsident trat soeben in Preußen sein Amt an, und das Außenministerium sollte er gleich mit übernehmen: Otto von Bismarck. Da mochte ein Patriot wie Bolle für den König und sein Land durchaus Morgenluft wittern. Was indessen die allgemeinen Finanzen betraf – die waren für Berliner Bauunternehmer schon kräftig ins Fließen gekommen.

Das Berliner Baugewerbe erlebte 1862 das erfolgreichste Jahr seit dem Bestehen der Stadt. 1655 Wohnungen wurden fertiggestellt – mehr als jemals zuvor. Es bestätigte sich: Bolle hatte die Tür nach Berlin im günstigsten Moment aufgestoßen. Es gab Arbeit, und es gab – nicht nur das Beispiel des schlitzohrigen Barons konnte es zeigen – außerordentlich gute Gewinne zu machen.

Sein gottergebener Sinn schützte Bolle davor, skrupellos vorzugehen. Doch was er legal kriegen konnte, ergriff er, und dabei war der Ablauf der Dinge manchmal vielleicht ein wenig weitherzig zu nennen. Daß der Baurat Leßhaft im Polizeipräsidium Leute mit Kanalisationsproblemen regelmäßig auf Maurermeister Bolle hinwies, ging – zumindest nach heutigen Begriffen – doch ein bißchen über die Grenzen guter und lauterer Amtsführung hinaus: „Gehen Sie nur zu dem; der kennt sich mit den baupolizeilichen Vorschriften aus." Immerhin: Bolle selbst hat sich zu dieser werbeträchtigen

Behördenverbindung bekannt, und da darf man vermuten, daß es um eine ganz arglose Kooperation ging.

Das Schwierigste bei allen meinen großen Unternehmungen war stets die Beschaffung der Gelder. Die Gewerbebank gewährte mir ja einen großen Kredit, auch die Hamburger Hypothekenbank und die Berliner Lebensversicherung sowie viele Privatpersonen. Mein Kredit war aber auch nur deshalb so groß, weil ich immer pünktlich die Zahlungstermine innehielt, sehr fleißig war, nie mein Geschäft versäumte und mir Kneipen und andere Vergnügungen nicht erlaubte.

Auf Kumpanei am Stammtisch ging das förderliche Miteinander zwischen dem Baurat und Herrn Bolle also nicht zurück. Wir werden gut daran tun, den Fall Leßhaft gleich wieder zu den Akten zu legen und auf unser Vertrauen in den Handwerksmeister weiter keine Schatten fallen zu lassen. Das Selbstzeugnis weist ihn eher als treuherzig denn als Menschen von kaufmännischer Verschlagenheit aus. Er beherzigte, was Bibelworte ihm sagten. Und ließ sich auch Handlungsspielräume von ihnen zeigen.

„Denn wie Geld beschirmt, so beschirmt auch Weisheit", lehrt Kohelet, den wir aus deutschen Bibeln als „Prediger" kennen; auch „Prediger Salomo" wird er in den Überschriften gängiger Bibelausgaben genannt. Kohelet, ein Weisheitslehrer Israels also, redet mit Respekt von dem Zeug, das in Form von Münzen, Banknoten, Bankeintragungen und Schuldverschreibungen bald hin- und hergetauscht, noch lieber aber gehortet wird. Denn erst dann gewinnt es den höchsten Grad seiner Wirkung: Es „schirmt" nicht nur, indem es seinem Besitzer nichts mehr naß werden läßt – es wächst und mehrt sich auch noch, wenn Klugheit und List es nur richtig – also zins- und gewinnbringend – anzulegen verstehen. Angenehme und beileibe nicht zu verachtende Nebenwirkung: Geld sichert einen Platz in der Gesellschaft und bewahrt davor, vor der Tür bleiben zu müssen.

Nun gibt es keinerlei Hinweis darauf, daß der fromme Bolle sich angestrengt hätte, den Begriff Geld im System einer so gearteten theologischen Denkordnung unterzubringen. Er hatte ja rechnen gelernt. Seine Religion indessen war für ihn keine Sache des Verstandes, der das eine aus dem anderen folgert und wissen will, zu welchen Konsequenzen sein Grübeln ihn darüber hinaus führen wird. Ohnehin war die „Bekehrung", von der Bolle gelegentlich sprach, ja durchaus kein Ergebnis zielstrebigen Wollens gewesen. Sie hatte ihn ergriffen. Er hatte sich ihr nicht widersetzt. Und: Frau Esche hatte das Ihre dazu getan.

Natürlicherweise war vom Puritanismus und seiner wechselhaften Rezeption in England bei der dort aufgewachsenen Frau mehr hängengeblieben als die Neigung zu vertiefter Innerlichkeit. Von den teils ergänzenden, teils überlagernden Zügen calvinischer Nüchternheit und Strenge war hier schon die Rede. Da wurde also nicht einfach zu individualistischem Seelenwohl in ein Schneckenhaus des Glaubens geladen. Grundzüge für ein auf Aktivität gerichtetes Lebensprogramm gewannen für ihn Kontur.

Mach was aus deiner Begabung – welcher Art auch immer sie sein mag. Sie ist dein Reichtum. Aber sie gehört nicht dir allein. Sie ist dir anvertraut. Sie zeigt dir deinen Platz in dieser geschaffenen Welt. Für diese Welt sollst du da sein – und für die Menschen, zwischen die du gestellt bist. So will es dein Schöpfer, der über Zeit und Ewigkeit steht. Er wird eines Tages von dir Rechenschaft fordern.

Geschäfts- und Gerechtigkeitssinn, Fleiß, Glaubensstrenge und eher prüde Moral: Grundzüge einer Biographie, die einem eben doch wie ein Beleg für die These Max Webers erscheinen kann, nach welcher der Kapitalismus letztlich auf den von Calvin gewiesenen Weg des Protestantismus zurückgeht.

Nun sind wir, zugegeben, theologisch und psychologisch schon heftiger ins Spekulieren geraten. Von den Gesprächen, die der junge Bolle mit Frau Esche geführt hat, ist Näheres ja durchaus nicht überliefert. Wir wissen nur: Carl Bolle hat ihr, der mütterlichen Freundin, von den Milower Tagen an in geradezu rührender Weise lebenslang Dankbarkeit und Treue bewahrt. Starke Gefühle, die wohl nie einseitig blieben. Nach dem Tod ihres Mannes zog sie nach Berlin, um in einem seiner Häuser Wohnung zu nehmen. Dort hat er sie – den vorliegenden Berichten zufolge – immer wieder besucht. Als auch sie starb, war er ihr nahe.

Bei so starker persönlicher Bindung ist der Rückschluß auf eine ungewöhnliche Lebensbeeinflussung des jüngeren Beteiligten sicher nicht zu weit hergeholt. Sie sah den Sohn in ihm, der ihr versagt geblieben war. Er erlebte in ihrer Bereitschaft, mit ihm alle Fragen nach Gott und der Welt zu erörtern, jene geduldige Freundlichkeit, die ein Mensch so nötig hat wie Blüten die Sonne.

Glückliche Eiszeit

Erfahrungen zwischen Tiergarten und Zoo

Vom ansonsten verunglückten Geschäft mit dem Baron war ihm also am Lützowufer das Grundstück Keithstraße/Wichmannstraße in den Händen geblieben. Ein paar Schritte weiter westwärts begann das Gelände des Zoologischen Gartens. Darunter darf man sich für diese Zeit noch keine weltstädtische Attraktion vorstellen, die heutigen Erwartungen standhalten könnte.

Gut zwei Jahrzehnte lag es zurück, daß von der Pfaueninsel unter Mitwirkung von Peter Joseph Lenné ein kleiner Tierbestand an den Südwestrand des damals stark bewaldeten großen Parks mit dem Namen Tiergarten herübergeholt worden war. Für alle Berliner, die sich vorzugsweise zu Fuß fortbewegten, ein Ausflugsziel, das ziemlich weit vor der Stadt lag. Wenn sie an guten Sommertagen hinauswanderten, klebte ihnen spätestens kurz vorm Ziel die Zunge am Gaumen – das sollte sich für unseren geschäftstüchtigen Bolle als bedeutsam erweisen.

Vorerst freilich fragte er sich, was er mit dem Terrain anfangen solle. Gleich wieder verkaufen? Das war wohl nicht ratsam angesichts der Preissituation. Zu viel Mühe hatte er in dieses Geschäft schon gesteckt. Bolle stellte ein richtiges Wohnhaus darauf, und daneben blieb ziemlich viel Platz frei, für den ihm vorerst keine andere Verwendung einfallen wollte. Zunächst zog mit der Familie auch hier wieder er selbst ein und suchte nach Mietern aus Berlin, die bereit waren, ihm jottwehdeh – janz weit draußen – Gesellschaft zu leisten.

Das erwies sich als überaus schwierig. So weit raus wollte eigentlich keiner. Wie kommt man denn da, bitteschön, hin? Wer der arbeitenden Bevölkerung angehörte, hätte womöglich Tag für Tag nach Berlin laufen müssen – hin und zurück. Und wer vielleicht an einen idyllischen Ruhesitz dachte, mußte sich zwangsläufig auch überlegen, wo er denn sein Brot und die Wurst dazu einkaufen solle.

Sehen und Gesehen-Werden, Hut ab zum Gruß – das Kinn zu unterschiedlicher Tiefe geneigt: Im Sonnenschein begegneten viele Berliner einander gern zwischen St.-Matthäi-Kirche und Siegessäule (die noch auf dem Königsplatz stand, heute: Platz der Republik). Manche freilich – der Tiergarten-Anwohner Carl Bolle zum Beispiel oder sein Mieter Anton von Werner – hielten sich aus Furcht vor Müßiggang fern.

Darum richtete Bolle einen eigenen Linienverkehr ein. Die Kutsche ging morgens nach Berlin ab und brachte die Hausgenossen abends zurück.

Ein großer Hund war mit der Sicherung des Geländes beauftragt. Der Ernst, mit dem das Tier seiner Aufgabe nachging, war für die Ein- und Ausgehenden offenbar nicht immer leicht zu ertragen. Töpfermeister Foige jedenfalls wurde bedroht, wenn er in seiner Arbeitskleidung über den Hof ging. Waren Lehm und Steine zu holen, mußte er immer mit Rücksicht auf den Hund den guten

Anzug anziehen. „Sonst beißt er mich", hieß die Erklärung, als Bolle verwundert nachgefragt hatte.

Künstler ließen sich gern auf die doch wohl etwas wohlfeilere Wohngelegenheit ein. Bei denen mußte man allerdings manchmal mit einiger Hartnäckigkeit die Mieten eintreiben. „Einige zahlten nur mit Bildern", räumte der Hausherr in seinen Aufzeichnungen ein. Ein gewisser Herr Anton Werner, Kunstmaler, fand nach einigen Jahren Aufnahme ins Haus, wurde jedoch aus erlittener Erfahrung höchst mißtrauisch empfangen. Sein Schwiegervater, ein Tischlermeister, mußte sich für ihn verbürgen. Hätte man ahnen können, daß der jungverheiratete Pinsler – ursprünglich ein gelernter Stubenmaler aus Frankfurt an der Oder, der sich zur höheren Kunst hatte hinführen lassen – im Handumdrehen zu einem geadelten Lieblingskind der Berliner Gesellschaft aufsteigen würde?

Aus den Sprüchen, die Anton Werner gleich an die Wände malte, war letzte Gewißheit, worauf es mit ihm hinauswollte, jedenfalls nicht so genau zu beziehen. „Tages Arbeit, / Abends Gäste, / Saure Wochen, / Frohe Feste", verordnete er sich als Programm für das Berliner Lebenskapitel, das er nun aufschlagen wollte. An anderer Stelle lasen seine Besucher: „Behüt uns Gott vor Sturm und Wind / und vor Gesellen, die langweilig sind." Indessen wußte er schon, welche Erzeugnisse seines Ateliers in Berlin marktgängig sein würden. Auf der Staffelei entstanden zuerst zwei Moltke-Porträts. Daß er aber neben seinem Fleiß tatsächlich richtig Leben in die Bude brachte, läßt sich seinem autobiographischen Bericht „Erlebnisse und Eindrücke" entnehmen:

Viel Zeit zum Spazierengehen blieb mir auch nicht, aber die abendliche Geselligkeit, Künstlerfeste und anderes wurden nicht vermieden,

Fahnen rauschen, Säbel blinken, aus Männerkehlen kommt lautes Hurra: Anton von Werner hat die Kaiserproklamation von Versailles in verschiedenen Variationen gemalt. Hier: die linke Hälfte einer dieser Darstellungen (mit Wilhelm I. etwas rechts von der Bildmitte auf der obersten, Otto von Bismarck rechts vor der untersten Stufe der Treppe).

besonders die Musik an Trio- und Quartettabenden eifrig gepflegt, und
meine Freunde und Kollegen scheuten nicht den weiten Weg bis zum
Lützowufer 31 hinaus zu einem Krebsessen im Sommer oder zu einer
gemütlichen abendlichen Bowle im Winter.

Sogar das Kronprinzenpaar schaute gelegentlich einmal herein.
Als nach dem Sieg von 70/71 die Truppen heimkehrten, fiel der Auf-
trag, in Gestalt fünf großer „Velarien" die Festdekoration für den
Empfang Unter den Linden zu entwerfen, an Werner. Bei der Bema-
lung der Riesenleinwände mußten ihm weniger privilegierte
Kollegen zur Hand gehen; eigenhändig konnte er nur eines der fünf
Großgemälde ausführen, „da die Zeit viel zu knapp war". Zeitlebens
fand er kein Ende, Bilder von Preußens und Deutschlands Pracht,
Blut und Ehre zu malen. Da gab es bald keinen mehr, der Anton von
Werner nicht kannte.

Leider war dieser Paradiesvogel nicht allzulange als Mieter am
Lützowufer zu halten. An der Potsdamer Straße baute er sich eine
(bis heute auf dem „Tagesspiegel"-Gelände partiell erhaltene) Villa.
Im Rückblick war Bolle sehr stolz. War dieser Stern doch bei ihm
nahe dem westlichen Tiergartenende, jottwehdeh, aufgegangen.

Anlaß zum Stolz auf gute Entwicklungen stand ihm jedoch auch
in eigener Sache vollauf zu. Auf der Suche nach neuen Einfällen für
sein Geschäft hielt es ihn selbst im Winter nicht hinter dem Ofen.
Der Ältere seiner Zwillinge, Andreas, erinnerte sich:

Der Landwehrkanal lag vor der Tür. Oft stand er am Ufer und starr-
te hinab. Da kam ihm ein Einfall, den er bei seiner Frömmigkeit sofort
als göttliche Fügung erkannte.

Das im Winter gebildete Eis müßte doch nicht ungenutzt im
Frühling gleich wieder wegschmelzen dürfen, überlegte er sich.
Ließe sich kein Geschäft damit machen? Er brach sich einen Vorrat
heraus und lagerte ihn im Keller unter der eigenen Wohnung. Für
den Anfang war nur eine kleinere Menge vonnöten. Offenbar fiel er
ermutigend aus. Dann errichtete Bolle in Massivbau einen zunächst
als geeignet erscheinenden Schuppen und stellte im Winter zur Ein-
lagerung des Eises Arbeiter ein. Alsbald fand sich wachsende Kundschaft für die rasch vergängliche Ware. Vater Bolle selbst packte mit
zu und brachte mit einem kleinen Wagen das Kühlungsmaterial in
die Häuser. Die Kinder durften ihm helfen.

Er hatte ein außerordentliches Talent, einmal gemachte Erfahrungen nutzbringend zu überdenken. Was beim Bolleschen Eisprojekt daraus wurde, hat ebenfalls Andreas geschildert:

Das dauerte aber nicht lange - dann mußte unser Vater Kutscher einstellen und einige Wagen anschaffen. Schließlich wurde das Geschäft immer größer, und er kaufte am Rummelsburger See ein großes Terrain, baute dort auch große Holzschuppen für das Eis auf, in deren doppelten Wänden es sich besser hielt als in gemauerten Räumen.

Als er schließlich darauf kam, die Produktion nicht allein dem Winter zu überlassen, sondern Eis unabhängig von der Jahreszeit selbst herzustellen, war ihm das Außenministerium bei der Ausführung des Planes behilflich: Dort wußte man, wie man ans einschlägige Know-how der US-Amerikaner herankam. Als er 1871 schließlich diesen ganzen Erwerbszweig mit den dazugehörigen Einrichtungen verkaufte, führten die Geschäftsnachfolger das Unternehmen als „Norddeutsche Eiswerke" weiter.

Baulöwenrausch

Die Entstehung von Westend

Unterdessen hatte Carl Bolle das Baugeschäft nicht nur in gewohnter Weise weiterbetrieben. Ende der sechziger Jahre hatte es vielmehr kräftig an Aufschwung gewonnen. Mit dem Aufkommen der Pferdebahn ließ die Scheu, im Berliner Umland zu wohnen, ein wenig nach. Wer selbst über schnelle Pferde und Equipagen verfügte, nahm größeren Abstand zum Stadtbetrieb nicht einmal ungern in Kauf – und diese Kreise waren es auch, bei denen sich mit dem Bauen viel Geld machen ließ. Auf einmal lag Bolles Tiergartengrundstück gar nicht mehr in so weiter Ferne. Die feinen Leute zog es sogar noch weiter hinaus. Eine Aktiengesellschaft, die Westend erschloß, peilte Goldgräberglück an.

Schon beizeiten war Maurermeister Bolle mit von der Partie. Nun setzte er nicht mehr auf billige Arbeiterwohnungen. Nun ging es um Villen. Dabei tat er sich jeweils mit einem Zimmermeister zusammen. Es gibt Anhaltspunkte dafür, daß die Meister sich nicht nur für die eigentliche Bauarbeit zuständig fühlten. Sie übernahmen auch die Rolle des Architekten und machten die Entwürfe, die sie ausführten, gleich selber. Jedenfalls wird einem diese Vermutung von Paul Ortwin Rave und Irmgard Wirth nahegelegt, die in ihrer Wohnbau-Bestandsaufnahme von Alt-Westend schreiben: „Die meisten der in den verschiedensten Stilformen entstehenden Häuser stammten von braven, mit den Musterbüchern historischer Stile vertrauten Maurer- und Zimmermeistern." Als Beispiel wird neben zwei weiteren Namen Carl Bolle ausdrücklich genannt.

Für unsereinen will es schwer in die üblichen Vorstellungen passen, wie so ein Tausendsassa, der nach den Früh-Anordnungen auf dem Bau Gastronomie und Haushalte mit Eisblöcken beliefert, zwischendurch die Baustellen abermals inspiziert, Verpfuschtes rügt, am häuslichen Stehpult Rechnungssachen erledigt, sich dann womöglich spätabends noch übers Zeichenbrett beugt und zur

Nicht sehr glücklich hatten sich die Anfänge bei der Errichtung von Westend gestaltet. Doch wo das große Geld hinfließt, läßt sich der Fortschritt nicht bremsen: 1882 konnte man sich schon mit der elektrischen Straßenbahn hinbringen lassen.

Abrundung architektonischer Entwürfe Bestimmungen über die Verwendung von Arabesken, Kartuschen, Knorpelwerk und Blattfriesen trifft – die dann auch noch tatsächlich ausgeführt werden.

Solche Häuser fanden sich mit den Gebäuden Berliner Großarchitekten wie denen von Friedrich Hitzig, der zur Akademie der Künste gehörte und dem Berlin auch die Börse und andere repräsentative Bauten verdankte, Seite an Seite. Wie sich das im Nebeneinander ausnahm, ist heute kaum noch angemessen und gerecht zu beurteilen. Keines der Häuser sieht noch so aus, wie es einmal war; die meisten sind durch Krieg und Kriegsfolgen gänzlich verschwunden. Zu den Westend-Villen, an deren Entstehen Carl Bolle federführend beteiligt war, gehören die heutigen Caritas-Adressen Ahornstraße 48 und 49.

An der Nummer 48 (von den jetzigen Besitzern „Benedikt-Kreuz-Haus" genannt) sind die ursprünglichen Schmuckformen wenigstens teilweise erhalten. Aber die Proportionen haben sich durch Umbauten verschoben, und wenn das Ganze einigermaßen ungeschickt wirkt, sind die Ursachen wohl genau darin zu suchen und nicht unbedingt dem Baumeister in die Schuhe zu schieben. Der „Alte Klub" lud hier ursprünglich die Neuzugezogenen ein, sich unter ihresgleichen wie zu Hause zu fühlen. Dem Nachbarhaus, Nummer 49, wird man weder Würde noch Alter anmerken. Es war stark beschädigt und ist wohl mehr unter praktischen als formbewußten Gesichtspunkten wiederhergestellt worden.

Dabei dürften diese Villen zu den ältesten Gebäuden des Nobel-Viertels gehören. Nummer 49 („Villa Marguerite" damals) wurde für den Fabrikanten Albert Werckmeister errichtet, von dem die Anlage der ganzen Kolonie überhaupt initiiert worden war. In dem Konsortium, das 1866 die einschlägigen Geschäfte zu betreiben begann, trug er zunächst allein die persönliche Haftung. Doch als es zu Geldschwierigkeiten kam, zog er sich zurück. Die „Kommandit-Genossenschaft auf Aktien ‚Westend‘" flog auf, um alsbald eine Nachfolgefirma zu finden, die „Westend-Gesellschaft H. Quistorp & Co. zu Berlin".

Aus dieser Entwicklung und ihren Brüchen blinken Schlaglichter auf, in denen man aberwitzige Vorboten der berüchtigten Gründerjahre ausmachen kann. Aber vielleicht handelt es sich in Berlin dabei ohnehin nicht um eine Erscheinung, die sich historisch auf einen bestimmten Zeitpunkt festnageln läßt. Allzu großspurige Leute haben auf dem Immobilienmarkt immer wieder von sich reden gemacht – man kann dieses Phänomen nicht einfach als historisch abtun.

Jener Heinrich Quistorp stammte aus Wolgast. Sein Bruder, ein als recht seriös beschriebener Kaufmann, hatte ihn in Berlin eingeführt und mit den Trägern der Westend-Idee zusammengebracht. Er verstand es, das Maul aufzureißen und den Leuten zu imponieren. Wir weichen von der Darstellung unseres Titelhelden und seiner Zeit beileibe nicht ab, wenn wir bei einer so ganz anders beschaffenen Figur wie diesem Quistorp für die Länge einiger Sätze verweilen.

Der Alt-Westender Chronist Willy Bark spricht von „einem lauten und etwas prahlerischen Wesen", mit dem er die Gründung der Kolonie bekannt und populär gemacht habe. „Die Preise kletterten in die Höhe und lockten neben den soliden Käufern auch das echte Spekulantentum hierher."

Dabei war Quistorp nebenher umsichtig genug, auch Wilhelm I. für sein Werk zu interessieren. Der kam hinaus an den Spandauer Berg und sah sich an, wie die Dinge gediehen. Zwei Sätze, die er sagte, waren wie geschaffen als Werbespruch für das Siedlungsprojekt: „Hier oben weht eine frische, reine Luft. Westend hat eine große Zukunft." Quistorp konnte sich nur darin bestärkt sehen, den König nachdrücklich als Schutzpatron des ganzen Vorhabens zu stilisieren. Im November 1868 wurde der Grundstein für ein erstes Wilhelm-Denkmal gelegt, das bald darauf an anderer Stelle von einem neuen und schöneren abgelöst wurde.

Heute klingt unglaublich, was der quirlige Quistorp so alles in Gang setzen konnte. Gerade zweiunddreißig Jahre war er alt, als er für Westend das Heft in die Hand nahm. Er verstieg sich nicht nur zu großen Visionen, aus denen die unvergleichliche Zukunft des Ortes hervorgehen sollte. Bald fing er an, phantastische Gebäude aus purem Übermut zu erfinden. Einen Tempel für alle Konfessionen ließ er entwerfen; Juden, Christen und Muslimen sollte er als Simultan-Gebetsstätte dienen. Nicht zuletzt Quistorps eigenem Ruhm diente ein im Sommer 1879 tatsächlich vollendeter „Germaniaturm", dessen Hauptgeschoß aus einer „Kaiser-Wilhelm-und-Kaiserin-Augusta-Jubiläumshalle" bestand.

Wer sich 380 Stufen aufwärts bemüht hatte, sah nicht nur die (bis 1906 eigenständige) Stadt Charlottenburg zu seinen Füßen, sondern jenseits davon auch noch die nunmehr kaiserliche Reichshauptstadt, mit der Quistorp Sichtverbindung herstellen wollte. Die Wasserversorgung Berlins hätte er – per Germaniaturm – ebenfalls gern übernommen, um die lebenspendende Bedeutung Westends für ganz Deutschland sinnfällig zu machen. Das nötige Naß sollte aus den benachbarten Reservoiren des Grunewalds kommen, aus dem Westend sich schon soweit selber versorgte.

Bei diesem Thema hat unser Meister Bolle übrigens ein (sicherlich um einiges früher anzusetzendes) eigenes Erlebnis beizutragen. Zu den Baustellen, die er betrieb, gehörten bereits ein Turm und ein Maschinenhaus als Transporteure für Wasser aus dem Wasserwerk Teufelssee – vermutlich der erste der Wassertürme von Westend, der schon Anfang der siebziger Jahre wieder weggeräumt wurde.

Der Grunewald war damals noch durch ein festes Gitter von Westend getrennt – nun sollte eine Einfahrt in den Wald erbeten werden, und ein Immediatgesuch wurde gemacht. Eines Tages ließ sich der Kaiser (damals tatsächlich noch: König – F. P.) bei uns auf dem Bau anmelden und kam auch sofort – ich war zufällig anwesend. Wilhelm I. sprach uns sehr freundlich an: „Sie haben sich mit Ihrem Gesuch an eine falsche Adresse gewandt; das ist Sache der Regierung." Einige Tage später kam die Erlaubnis, die Einfahrt anlegen zu dürfen.

Hatte sich der erste Wasserturm offenkundig ganz problemlos beseitigen lassen, so sahen sich die Besitzer des gigantomanischen Germaniaturms später vor erhebliche Probleme gestellt. Anderthalb Millionen Taler hatte Heinrich Quistorp in das Trumm aus Ziegelsteinen gesteckt. Nach dem finanziellen Zusammenbruch der Westend-Gesellschaft stellte sich offensichtlich zu allem Unglück die Gewißheit heraus, daß es nichts als fortgesetzter wirtschaftlicher Übermut wäre, das Riesenspielzeug erhalten zu wollen.

Quistorps älterer Bruder Johannes hatte noch versucht, Heinrich sein dickes Lieblingskind zu bewahren. Für lumpige 50 000 Mark konnte er's haben. Aber was sich die Leute auch einfallen ließen – eine vernünftige Verwendung war für das Ding einfach nicht zu entdecken. 1892 sollte es gesprengt werden. Zunächst kriegte man es nur zur Hälfte kaputt. Das Schöneberger Eisenbahn-Regiment mußte kommen, um das Zerstörungswerk zu vollenden.

Ein anderer Fall von Heinrich Quistorps beispielloser Großspurigkeit ist beim Heimatchronisten Bark in der Form eines Augenzeugenberichts zu erfahren. Darin wird geschildert, wie es beim siebenunddreißigsten Geburtstag des lebens- und wagnisfrohen Spekulanten zuging.

Die Ibrox-Villa, die Quistorp seiner Frau, einer Engländerin, geschenkt hatte, erstrahlte im Schmuck der Blumen und Geburtstagskerzen. Von Stunde zu Stunde häuften sich kostbarste Geschenke in

Silber und andere wertvolle Gegenstände. Um 11 Uhr trat der Domchor in Frack und weißer Binde an. Dann kam die Schar der Gratulanten. Ein russischer Großfürst ließ eine Equipage mit zwei prachtvollen Orloff-Hengsten als Geschenk vorfahren, Frau Quistorp erhielt ein zierliches Jucker-Gespann, und so ging es weiter durch den ganzen Tag.

Der Name „Ibrox" sollte Quistorps Frau übrigens an den Ort erinnern, an dem sich das Paar zum ersten Mal getroffen hatte: Glasgow, Ibrox-Terrace. Die Prunkvilla – Ahornallee 6 – befand sich vis-à-vis von den beiden heutigen Caritas-Häusern. Vor dem jetzigen Mehrfamilienhaus auf dem einstigen Quistorp-Grundstück kann der Hausmeister heute davon erzählen, wie er im nach rechts gelegenen Garten beim Graben die Grundmauern entdeckte. Erde deckt die Stätte, an welcher ein völlig Übergeschnappter sich huldigen ließ.

Nach dem großen Fiasko jagte Quistorp bei letzten Rettungsversuchen noch dann und wann zwischen Westend und Berlin hin und her – mit dem „zierlichen Jucker-Gespann", das er sich bei seiner Frau ausleihen konnte. Kleine Anmerkung für Nicht-Kenner: Es handelt sich um leichte Wagenpferde, die ganz verschieden gefärbt sein konnten – wenn sie nur im Temperament gut zueinander paßten. Doch der Pleitier ließ sich nicht mehr lange in Berlin sehen; als er keine Chancen mehr für sich sah, verzog er sich nach Paraguay.

Carl Bolle hatte als einer der Bauausführenden in der Westend-Kolonie öfter mit ihm zu tun gehabt. So gut aber kennen wir Bolle nun schon: Zu den Bewunderern Heinrich Quistorps kann er nicht gehört haben.

Gewisse Kreise

Ein Liberaler gibt Anregungen

Eine überaus wichtige Frage in jenen Jahren: Wer gehört hier zu wem? Vor allem mit Blick auf die wilhelminische Zeit hat der Berlin-Porträtist Walther Kiaulehn mit spitzer Feder eine „Stadt ohne Gesellschaft" beschrieben. Im Berlin des späten 19. Jahrhunderts sprach man mit Vorliebe von „Kreisen" (sowie nicht zuletzt darüber, was jeweils in ihnen vorging). Die „Kreise" konnten von Adel, gebildet, wirtschaftstüchtig, wohltätig, versnobt sein – oder womöglich miteinander kriminellen Absichten nachgehen.

Wenn es ein gemeinsames, übergreifendes Merkmal gab, dann dies: All die meist milieuspezifischen Vereine, Gruppen und Clubs, die Cliquen und Klüngel – von den „Hofkreisen" bis in die Geselligkeitsrunden des kleinen Mannes – gaben sich streng exklusiv. Da war das zur Abwehr an die Tür gehängte Schildchen „Geschlossene Gesellschaft" oft nicht einmal nötig. Schon richtig: Anderswo gab und gibt es das auch. Aber so wie seinerzeit in Berlin eben doch wieder nicht.

Menschen haben ihre Zeit. Die Unruhe von 1848 steckte damals vielen noch in den Knochen. Sie äußerte sich bei den „höheren Kreisen" in Besorgnis und wachsendem Dünkel. Andererseits gründete einer wie Virchow Anfang der sechziger Jahre die „Deutsche Fortschrittspartei", einer wie Lassalle den „Allgemeinen Deutschen Arbeiterverein". Die Polizei wiederum strengte sich an, in der zunehmenden Bevölkerungsbuntheit den Überblick zu behalten. Es gab Vorsorge, das überaus steile Sozialgefälle nicht ins Rutschen kommen zu lassen. Mit Spitzeln mußte man überall rechnen.

Carl Bolle scheint an alledem wenig Interesse genommen zu haben. Er geizte viel zu sehr mit seiner Zeit, um sie zu verplaudern. Daß er verbindlich und gegebenenfalls streitbar aufzutreten verstand, geht aus seinen Erlebnissen mit Geschäftspartnern und nicht zuletzt mit Behörden hervor – menschenscheu war er nicht. Vielleicht waren Geschäftsinteressen im Spiel, wenn er es vermied, sich politisch in eine bestimmte Ecke stellen zu lassen. Fürs Vaterland nahm er Partei. Und für den König – ohne sich freilich gleich zu den ganz konservativen Zeitgenossen zu schlagen.

Ein Mensch, mit dem er sich gut verstand, war der liberale Politiker Georg von Bunsen, der von 1866 an zum Preußischen Abgeordnetenhaus, zum Norddeutschen Reichstag und in den achtziger Jahren auch zum Reichstag gehörte. Bunsen war acht Jahre älter als Bolle, ein gebildeter, auslandserfahrener und dem Fortschritt aufgeschlossener Mann. Möglicherweise hatte er Bolle als Mieter in einem von dessen Häusern kennengelernt, ehe er die Familie – jeweils für den Winter – aus Bonn nachkommen ließ. Dann bewohnten die Bunsens eine größere Wohnung im Tiergartenviertel, bis sie 1869 das eigene Haus nahe dem Nollendorfplatz, in der Maienstraße, bezogen – das hatte die Firma des Maurermeisters Bolle gebaut.

Offenkundig paßte Bunsen auch nicht so ganz ins Schema der Berliner Gesellschaft – ein Eindruck, den man jedenfalls bei der Lektüre der Schriften Marie von Bunsens, seiner Tochter, gewinnt. Sie war in England geboren. Nach Berlin kam sie als kleines Mädchen mit offenem Flatterhaar – „deutsche kleine Mädchen trugen damals stramm geflochtene Zöpfe". Die Möglichkeit, daß ein Haar in die Suppe geraten könnte, brachte dem Kind gleich offene Mißbilligung ein. Anspruchsvoll und zugleich in lockerem Rahmen durften die Bunsenschen Kinder aufwachsen. Jungen und Mädchen fanden – in anderen Kreisen undenkbar – unterschiedslos Zugang zur Bildung. Und so tobten dann eben auch die Mädchen auf der Baustelle herum, wie man es sich sonst nur von Jungen versah.

Es hat sehr lange gedauert, ehe mir Zweifel kamen, ob denn eigentlich ein Hausbau inmitten der Maurer den idealsten Spielplatz für kleine Mädchen der höheren Stände abgibt. Glänzend eignete sich der langsam immer höher ansteigende Bau zum Versteckspielen, wir jagten im Kellergeschoß umher, wir kletterten hohe Leitern hinauf. Als der Bau vollendet war, legten wir drei kleinen Mädchen ein Brett auf die obere Brüstung des Balkons nach dem Giebel, unter dem Brett fiel die Mauer etwa 70 Fuß hinunter; ruhig gingen wir hinüber und richteten uns behaglich im Giebel ein.

Dabei hatte schon die dreijährige Marie gemeinsam mit den älteren Brüdern viele Güter eines gehobenen Wissens – die Daten wichtiger Dichterbiographien etwa – wie von allein aufgenommen. Stets unvergeßlich blieb ihr die Geschichte, die der Gesandte der Vereinigten Staaten von Amerika eines Tages beim Vater erzählte. An einem 28. August hatte er, Georges Bancroft, seinen Antrittsbesuch im Schloß gemacht und für seinen Hinweis auf das Datum als glückbringendes Omen bei Wilhelm I. wie bei Bismarck verständnislose Blicke geerntet. Die Bancrofts und die Bunsens konnten darüber nur kopfschüttelnd lächeln: Hatten die beiden Lenker Preußens doch einfach Goethes Geburtstag vergessen.

Marie von Bunsen: eine resolute, gescheite, selbstsichere Frau. Nicht nur mit ihren Talenten – ihre Bücher und ihre Malerei weisen sie als treffsichere und geistreiche Beobachterin aus –, auch mit ihrem Aussehen hätte sie aus heutiger Sicht für Männer eine bemerkenswert gute Partie darstellen müssen. Aber wenn jeder Mensch seine Zeit hat, so war sie der ihren doch um etliche Schritte voraus. Sie hätte ein Vorbild für eine der Frauenfiguren in den Fontaneschen Romanen abgeben können – offenbarte sie doch in reiferen Jahren sogar ihren Standpunkt, daß ein Ehebruch zwar nicht leichtzunehmen, aber unter bestimmten Gesichtspunkten doch zu akzeptieren sein müsse.

Sie ist unverheiratet geblieben. Man wird in der Annahme nicht fehlgehen, daß ihre Selbstsicherheit auf die meisten Männer der Zeit einschüchternd wirkte – aber wäre das heute prinzipiell anders?

Immerhin, die Zeit begann umzulernen. Selbst an Carl Bolle konnte dieser Prozeß nicht ganz vorbeigehen. In der Hauszeitung, die er für seine Arbeiter von den neunziger Jahren an herausbringen sollte, wurde an die Hausväter alten Stils appelliert:

Laß auch Deine heranwachsende Tochter sich für irgendeinen Beruf entscheiden. Beobachte ihre Talente und Fähigkeiten … Unabhängig vor

Das ist nicht für kleine Mädchen: Berliner Bauplatz, mit Adolph von Menzels Augen gesehen. Als die Familienvilla entsteht, werden Marie von Bunsen und ihre Geschwister das unfertige Gemäuer dennoch zu waghalsigen Spielen benutzen.

allem muß das Mädchen dem Manne gegenüberstehen. Die Liebe, nicht die Angst, unversorgt zu bleiben, soll für die Frau beim Schluß der Ehe maßgebend sein ... Nichts ist lächerlicher als eine Frau, welche bei jeder Kleinigkeit sagt: Da muß ich erst meinen Mann fragen ...

Das waren für weiteste Kreise ungewöhnliche Töne. Wenn der Hausvater Bolle so einen Text in seine Gazette aufnehmen ließ, dann standen die darin enthaltenen Aufforderungen durchaus im Zusammenhang mit anderen Sorgen um die Rolle der Frauen. So galt seine Aufmerksamkeit der übermäßigen Beanspruchung vieler Frauen durch Haushalt und Kinder. Wenn wir noch einmal um ein paar Jahre vorauseilen, sehen wir ihn eine Möglichkeit zur Müttererholung einrichten. Fünfzehn Plätze sollten es sein, und weil sich aus dem Familienkreis der eigenen Unternehmung nur acht Frauen um die – wohl allzu fremdartig anmutende – Chance bewarben, wurden zunächst „außerdem sieben andere Frauen und junge Mädchen auf besondere Empfehlung mitgenommen". Eine Vorläufer-Einrichtung des Müttergenesungswerks also – erfunden und auf den Weg gebracht von Carl Bolle.

Zusammengefaßt hätte sich seine Meinung etwa so angehört: Wenn der Mann ungeteilten Anspruch hat auf seine Frau, dann muß das Gleiche auch umgekehrt gelten. Beide leisten ihren Beitrag zum gemeinsamen Leben, also schulden beide einander Dank und liebevolle Aufmerksamkeit. Er hatte etwas gegen Männer, die in Kneipen herumsitzen und daheim das Essen kalt werden lassen: Als Praktiker zeigte er, was er dachte, am praktischen Beispiel.

Man fragt sich: Woher hatte er das? War der zündende Funke seiner Überlegungen dem Kontakt zu Bunsen entsprungen? War der Standpunkt dem Einblick in die Spannweite eines klassisch-liberalen Lebensstils zu danken? Eines Lebensstils wohlgemerkt, bei dem die Befreiung des Individuums nicht das Gewissen dispensiert. Und nicht die Würde des anderen Menschen. In Bunsens Person begegnete Bolle einem Liberalismus, der sich auf die Gesellschaft im ganzen bezog – und sich jedenfalls nicht in jenen Regeln erschöpfte, nach denen die staatliche Autorität bei allen Angelegenheiten des Kommerzes den Aufsichtsblick abwenden soll.

Dabei kamen zwischen Bolle und Bunsen durchaus auch Handelsfragen zur Sprache. Ging doch selbst eine von Bolles Geschäftsgründungen auf eine Anregung Bunsens zurück: Frischer Seefisch solle nach Berlin geholt werden – ein wertvolles Nahrungsmittel, das es tief im Binnenland einfach noch nirgendwo gab. Wirtschaftlicher als der Kauf von Fleisch würde dieses neue Nahrungsmittel für die Hausfrauen sein. Was andere nicht schafften, könne doch Bolle vollbringen – er habe doch Eis.

An gründlicher Vorbereitung hat es Carl Bolle bei seinen Vorhaben nie fehlen lassen. Er schickte einen Mitarbeiter an die Ostsee, um dort den Markt zu studieren. Als nichts dabei herauskam, machte er sich mit einem Angestellten namens Lindenberg selbst auf die Reise und schloß Verträge ab, die einen Fischhandel in beträchtlichen Dimensionen vorsah. Auf den Berliner Märkten bot er dann das Pfund Dorsch vom Eiswagen für zehn Pfennige an.

Wir verkauften täglich den ganzen frischen Eingang. Die Kutscher wurden dazu in ein richtiges Fischerkostüm gesteckt, sie trugen lange gelbe Ölmäntel und große lederne Fischerhüte. Glänzend ging das Geschäft.

Aber dann ging doch etwas schief. Er sei auf Reisen gewesen, schrieb Bolle später. Einige Wagenladungen seien nicht ganz frisch eingetroffen; dennoch hätte der Leiter des Fischhandels alles weiterverkauft. Ein unguter Geruch jedenfalls strich über den Markt. Hält man sich an Bolles Bericht, dann waren es die wegen ihrer Umsatzeinbuße neidisch gewordenen Fleischer, welche die Polizei einschreiten ließen. Die Ware wurde beschlagnahmt. Blamiert stand der Pionier dieses neuen Handelszweigs da. Von der Reise zurück, ordnete er die sofortige Einstellung seines Fischhandels an. Was noch eintraf, ließ er vernichten. Weitere Lieferungen bestellte er ab.

Er räumte dankbaren Nachfolgern das Feld – darunter Mitarbeiter Lindenbergs Sohn, dessen Name bald zu einem Begriff für den Berliner Fischhandel wurde. Als es zur Gründung eines Fischereivereins kam, der den Kronprinzen als Protektor gewann, wurde auch Bolle Mitglied und durfte an einem Abendessen bei der Königlichen Hoheit teilnehmen. Wie er dem Gastgeber vorgestellt wurde, hat er in seinen Aufzeichnungen genüßlich geschildert. Geheimrat Wehrmann gab nämlich in Gegenwart des Polizeipräsidenten von Wurmb bei dieser Gelegenheit die anrüchigen Marktvorfälle zum Besten.

Der Kronprinz aber sagte: „Das war wieder mal ein Streich unserer Polizei." Mich nahm er freundlich beim Arme, ließ mir Champagner einschenken und führte mich selber zum Büfett.

Trotz des Fiaskos wurde Bolle weiterhin als Experte für Fischerei angesehen und sogar einmal in eine Studiengruppe berufen, die Fischzuchtmethoden im Elsaß beurteilen sollte. Daß er bei dem gescheiterten Handelsunternehmen kräftig draufgezahlt hatte, trug er seinem Anreger Georg von Bunsen nicht nach. Beide unternahmen als Begleiter eines Hilfstransportes im Krieg von 1870/71 miteinander eine Reise zur Front – das bleibt an anderer Stelle zu schildern.

Kirchturmnähe

Brüder im Glauben, Wohltätigkeit übend

„Mein Freund Bolle" – so hat sich ein anderer ein paar Jahre später vor vielen Zeugen geäußert: der bereits emeritierte Generalsuperintendent der Neumark und Niederlausitz, D. Karl Büchsel. Er war Bolle im Lebensalter fast dreißig Jahre voraus. Büchsel hatte sich mit seinen „Erinnerungen eines Landgeistlichen" – Memoiren aus der Uckermark – einen Namen gemacht: einer, der sich selbst immer nur berufen fühlte, Dorfpfarrer zu sein und zu bleiben.

Der Wille der Vorgesetzten hatte ihn schon 1846 nach Berlin an die St.-Matthäus-Kirche ins Amt des ersten Pfarrers gerufen – ins junge Tiergartenviertel also, damals noch: der „Alte Westen". Es zeigte sich bald: Sein schlichtes Wesen und seine fromme Eindringlichkeit kamen auch bei den Hauptstädtern an – mochte er selbst hinsichtlich der Wirkungen seines Predigens beim Blick auf die schon deutlich zunehmende Massenabwendung von Glauben und Kirche auch tiefe Skepsis empfinden.

Als Büchsel an der Spree eintraf, gab es zunächst nur den Namen der Kirche, für die er als Pfarrer bestimmt war. Den hatte ihr der König gegeben. Das Gebäude selbst mußte Friedrich August Stüler – damals längst schon ein vielbeschäftigter Star unter den Architekten – erst noch entwerfen. Nach der Zerstörung im Zweiten Weltkrieg jedenfalls in ihren äußeren Formen wiedererrichtet, steht sie heute in alter Anmut zwischen Hans Scharouns Philharmonie-Gebäuden und Mies van der Rohes Neuer Nationalgalerie. Nach Westen hat sie als Nachbarn die Museen der abendländischen Kunst, und von Osten her gucken die Debis-Hochhäuser über die Neue Staatsbibliothek auf sie herab. Der Charme des dreischiffig konzipierten Gotteshauses aus gelben Klinkern hält den teils strengen, teils mit viel Phantasie inszenierten Formen moderner Baugesinnung souverän stand.

Aber es fällt dem Besucher nicht leicht, aus der Gegenwart zu den

Tagen Büchsels und Bolles eine Brücke zu schlagen. Bis auf ein einziges sind alle Häuser, die es rundherum gab, im Zweiten Weltkrieg oder schon lange vorher verschwunden. Büchsels einstiges Pfarrhaus, ebenfalls von Stüler entworfen, hatte an der Matthäikirchstraße gestanden, in der sich die Kirche selbst wie auf einer Insel befindet – die heutige Straßenführung entspricht der alten.

Bolle hatte 1864/65 ebenfalls in unmittelbarer Nachbarschaft zur Kirche zwei Miethäuser mit Parterre-Etage und drei Obergeschossen gebaut. Beim Eckgrundstück Matthäikirchstraße/Sigismundstraße (heute eine kleine Grünanlage neben der Gemäldegalerie) teilte er sich mit dem Rentier F. G. Schulze die Rolle des Bauherren. Für die Ausführung zeichnete er allein verantwortlich. Ein Architekt wurde nicht benannt, also wird Bolle die Entwürfe hier schon selbst gemacht haben. Vielleicht sah dieses Eckhaus nicht so ganz befriedigend aus; 1893 konnte man es noch einmal eingerüstet erblicken, und als die Rüstung wieder abgeräumt war, kamen statt des vorherigen neoklassizistischen Putzstils barockisierende Schmuckelemente zum Vorschein. Unverändert blieb dagegen das – Bolle allein gehörende – Nachbarhaus Sigismundstraße 1. Man weiß ja: Er war ein sparsamer Mensch.

Hier habe er, sagt ein Bericht, mit Frau Sophie gleich nach der Fertigstellung wieder selbst Wohnung genommen – und prompt habe sie abermals schwere Krankheit, nämlich Typhus, befallen. Von wochenlanger Bewußtlosigkeit ist die Rede; wieder einmal sei sie dem Tod nahe gewesen. Zu der anderen Darstellung, nach der Bolle 25 Jahre lang auf seinem Gelände in der Nähe des Zoologischen Gartens gelebt haben soll, will das nicht richtig passen. Hatte er womöglich für die ja schon lange von Leiden heimgesuchte Frau abseits vom großen Geschäfts- und Familienbetrieb auf seinem Stammgelände am Lützowufer mehr Privatheit und Stille gesucht?

Ein paar Grundstücke weiter – Sigismundstraße 4 a – stand von 1896 an übrigens die Stadtvilla des Verlegers Paul Parey: das Haus, das als einziges des ganzen Viertels über den letzten Krieg kam. Sozusagen mit Klauen und Zähnen haben es geschichtsbewußte Berliner gegen alle Abrißabsichten verteidigt. Es blieb schließlich als Enklave in der schlichten Fassade des neuen Museumsgebäudes erhalten.

Gute Adresse:
Für das Gebäude
Sigismundstrasse 1
und das Eckhaus
Matthäikirch-
strasse 10 zeich-
nete Bolle als
Bauherr und
Bauunternehmer.
Für das Eckhaus,
dem sich die
St.-Matthäi-
Kirche unmittel-
bar gegenüber
befand, hatte er
einen Teilhaber
gefunden. Heute
befindet sich an
dieser Stelle die
kleine gärtnerische
Anlage neben der
Gemäldegalerie.
Der berühmte
Maler Adolph von
Menzel lebte und
arbeitete eine
Zeitlang in einem
der benachbarten
Häuser.

Als „Wunden der Erinnerung" werden auf einer Glastafel die erhalten gebliebenen Einschußlöcher erklärt. Ein verspielter Fries über dem Portal zeigt pausbäckige Putten. Sie pflanzen, gießen und ernten. Einer bezwingt einen Schafbock. Kriegerischen Sinn zeigt der kleine nackte Bengel ganz links – er zieht seinen Säbel. Denk mal: Hier ging um die Wende zum 20. Jahrhundert der alte Bolle vorüber, und er konnte über den kleinen Soldatenspieler vermutlich unbeschwert schmunzeln. Nur die Schußlöcher waren noch nicht zu sehen und nicht die Trümmerhaufen rundum, die es dann gab, als die Pareysche Villa gerade mal ein halbes Jahrhundert alt war.

Jeder Mensch hat seine Zeit. Das wäre natürlich auch über den alten Büchsel zu sagen, den Pfarrer und Generalsuperintendenten, den Nachbarn von der anderen Seite der Matthäikirchstraße, die sich um das Gotteshaus herum zu einem kleinen Platz weitete. Nur – er hat 1896, als Parey sich sein Haus bauen ließ, schon nicht mehr gelebt. Für Bolle war er ein Vertrauter gewesen. Wenn sie – der Prediger und der Maurermeister – auch auf unterschiedlichen Ebenen Gedanken anstellten, so lief dieses Denken doch oftmals in einerlei Richtung. Sie waren von Herzen konservativ. Und wenn Bolle zur Sonntagspredigt bei Büchsel unter der Kanzel saß, konnte er für seine pietistischen Neigungen und nicht zuletzt für seine Treue zum irdischen Monarchen bei Büchsel Bestätigung finden.

In den Gottesdiensten gab es feste Sitzplätze – durch angeschraubte Namensschilder gesichert für alle, die in der Lage waren, sich solche Bevorzugung auch etwas kosten zu lassen. Büchsel gefiel das nicht ganz. Er setzte durch, daß diese Regelung auf die Hauptgottesdienste beschränkt blieb. Darüber hinaus sollten auch Dienstboten einen Anspruch darauf haben, sich sitzend und damit besser aufs Wort konzentriert erbauen zu lassen.

Einer wie Bolle konnte da nicht widersprechen, wenn er sich an die eigenen Prinzipien hielt. Nichts anderes wünschte er ja, als daß das Evangelium Zugang zu allen Herzen fände – auch bei denen, die ihren Platz in der sozialen Rangordnung immer ganz unten hatten. Ja, auch in ihrer Kleidung sollten die Armen und Ärmsten sich von den besser betuchten Bürgern nicht allzu stark unterscheiden. In diesem Sinn nahm sich Bolle auch entlassener Strafgefangener an. Für einen von ihnen, den „Matrosenalbert", wurde er sogar Vormund.

Wenn diese Männer Schwierigkeiten hatten, nach dem Knastaufenthalt wieder Arbeit zu finden – Bolle stellte sie für seinen Eishandel ein. Einen Diakon aus dem Hamburger „Rauhen Haus" ließ er kommen, um sie zu betreuen und ihnen zu weiterer Berufsorientierung auf die Sprünge zu helfen. „Bruder Nispel" kam mit diesen Männern abends oft in Bolles Wohnung, um auch solide Freizeitgestaltung zu üben – da wurde mehrstimmig gesungen oder Mühle gespielt. Und für den Kirchgang kriegte jeder einen Sonntagsanzug.

Ihrer zwanzig manchmal, machten sie sich auf den Weg, Nispel voran. Doch konnte es vorkommen, daß der Diakon an der Kirche nur noch zwei oder drei hinter sich hatte. Die anderen hatten sich samt ihren Anzügen aus „Englischleder" (ein besonders dichtes Baumwollgewebe) sozusagen auf englisch empfohlen, um sich nie wieder blicken zu lassen.

Gar nicht wenige Geschichten von dieser Art hätten zwischen Büchsel und Bolle ausgetauscht werden können. Nehmen wir hier eine entsprechende Erfahrung des Pfarrers zu Protokoll.

Meine Frau und ich hatten in Brüssow (Büchsels einstige Dorfgemeinde) unerwartet 400 Taler geerbt. Wir beschlossen, damit armen Handwerkern durch Vorschüsse zu helfen. Als ich (nach Berlin) versetzt wurde, sagte ich den Leuten, daß sie mir das Geld möchten wieder geben, was auch geschah ... Ich war bereit, auch hier in Berlin diese 400 Taler zu verborgen und einigen in Verlegenheiten zu helfen, aber meine 400 Taler sind verschwunden, und ich habe keinen Groschen davon wiedergesehen.

Auch Enttäuschungen können verbinden. Dafür, wie Büchsel sein geistliches Amt verstand, konnte Bolle nur Sympathie empfinden. Dachte er doch in vielem ganz ähnlich. Beide beriefen sich auf eine Erfahrung, die vor allem von den Pietisten bekannt war und mit der heute fast niemand mehr etwas anfangen kann: nämlich auf Bekehrung.

Die Bekehrung ist aber nicht in der Vergangenheit zu suchen, sondern sie muß täglich geübt werden, weil sie eine Arbeit ist bis ans Ende, und jeder, der stirbt, muß doch zuletzt mit dem Seufzer sterben: Gott sei mir Sünder gnädig.

So konnte das Büchsel erklären. Und wenn Bolle das eigene Bekehrtsein auch als existentielles Erlebnis in einem bestimmten

Augenblick seiner Entwicklung darstellte, so hätte er diesem Satz Büchsels nicht widersprochen. Wußte er doch, daß ihm mit der Bekehrung eine persönliche Verantwortung auferlegt war. Er stellte sich darauf ein, am Ziel seines Lebens Rechenschaft ablegen zu müssen.

Beim Jüngsten Gericht also. Wie die meisten seiner Zeit lebte Carl Bolle in einer gewissen Treuherzigkeit mit den Bildern, die im Sinn der Bibel paradiesische Ahnungen, Wüstenirrwege, Rettungserlebnisse und die Hoffnung auf ewigen Frieden beschreiben. Lust zu kritischer Durchdringung dieser Bildersprache scheint er nie empfunden zu haben. Auseinandersetzungen, wie sie zu seiner Zeit etwa um die theologischen Aussagen Adolf von Harnacks entstanden, nahm er zur Kenntnis, aber er beobachtete sie aus großem Abstand.

Anlaß, zur traditionellen Sprache des Glaubens noch nach Erklärung und Ergänzung zu suchen, scheint er nicht gesehen zu haben. Immer blieb seine Erwartung offen für himmlische Gnade und kommende ewige Freuden: Weiter als bis zu einer solchen allgemeinen Verheißung konnte kein Menschenwort gehen. Eins nur stand für ihn fest: Unter allen, denen der Weg dorthin vergönnt ist, wird es keinerlei Ungleichheit geben, und es wird sich herausstellen, daß die Putzfrau und der Kutscher soviel Wert und Würde wie der Generalsuperintendent und der Geheime Kommerzienrat haben.

Nun muß sich der Autor fragen lassen, woher er das weiß. Es handelt sich um Feststellungen, die sich so tatsächlich nicht wortwörtlich aus den zugänglichen Quellen abschreiben lassen. Abzuleiten sind sie nicht nur aus Bolles Bemühen, das Evangelium als Wegweiser zur Übereinstimmung zwischen Gott und den Menschen im eigenen Einflußbereich mit größerer Leuchtkraft zur Geltung kommen zu lassen. Umfangreiches Material für einschlägige Aussagen gibt einem nicht zuletzt das – nennen wir es einmal so: – theologische Programm des ab 1891 herausgebrachten Wochenblatts „Fabrik-Bote der Meierei C. Bolle" in die Hand.

Dort läßt sich die Überzeugung gewinnen, daß sich Carl Bolle gegenüber seinen moralischen Maßstäben keine Spielräume gewährt. Mag aus heutiger Sicht manches seltsam anmuten: Ein „Ausbeuter", der mittelmäßig bezahltes Personal mit Hinweisen auf ein besseres Jenseits vertröstet, ist er mit Sicherheit nicht. – Gelegenheit, gründlicher in das Blatt Einblick zu nehmen, wird sich etliche Seiten weiter noch finden.

Selig sein

Die Ehe mit Sophie geb. Maltner

Wird sich anders als ein Rührstück beschreiben lassen, was nun folgen soll? Ein Porträt der Frau, mit der Bolle 35 Jahre lang verheiratet war, ist zu skizzieren. Wenn manche Leserin, manchen Leser aus den folgenden Seiten etwas vom Duft der „Gartenlaube" – dem seinerzeit äußerst verbreiteten Wochenmagazin für das empfindsame Gemüt – anwehen sollte, dann ist abermals der Hinweis am Platze, daß jeder Mensch sich nur in der Zeit bewegen kann, in die er hineingestellt ist.

Wie individuell die oder der einzelne auch beschaffen sein mag – wir können ihn nicht herauslösen aus dem Erleben seiner Generation. Noch weniger aus der Gefühlsinnigkeit, welche gerade diese Zeit aufbringen konnte. Sollte beim Folgenden jemand schlucken müssen – gerade die um Angemessenheit bemühte Darstellung kann es ihr, kann es ihm nicht ersparen.

In der Schlichtheit ihres Wesens fiel Sophie sicherlich nicht aus dem Rahmen. Wenn Marie von Bunsen einen extremen Fall von weiblicher Zeitgenossenschaft dargestellt hat, so wäre Sophie Bolle am anderen Ende einer denkbaren Skala von Temperamenten zu suchen. Einfaches Auftreten. Eher introvertiert, pflichtbewußt, fleißig, fromm – aber „sie liebte es nicht, mit dem lauten Bekenntnis des Glaubens die Welt zu erfüllen": So hieß es in der Rede, die ihrer zuletzt am Grabe gedachte. Aufdringlich-frömmlerisches Gebaren lag ihr also fern. Im übrigen: Auch für sie hatte es in den jungen Jahren wenig zum Lachen gegeben.

Knapp vier Jahre jünger als Carl Bolle war sie. Ihr Vater war Kunstdrechslermeister gewesen, ein Handwerker also, der Stuhlbeinen oder den senkrechten Stäben für das Treppengeländer an der Drehbank die typischen Rillen und Rundungen gab. Aber der Tod hatte ihn schon früh abgeholt, und die hinterbliebene Frau hatte sich allein nach dem Lebensunterhalt für sich und die drei kleinen

Mädchen umsehen müssen. Trost und Hilfe lagen in Berlin nicht auf der Straße; an gesetzliche Witwen- oder Waisenrenten war nicht zu denken.

Vor allem ersteres fanden Frau Maltner und ihre Töchter bei der Herrnhuter Brüdergemeine, jener Freikirche, die auf Glaubensvertriebene aus Böhmen und Mähren zurückgeht und die ihre Lebensformen nicht zuletzt starken Impulsen aus dem Pietismus und der Erweckungsbewegung verdankt. Durch ihre Missionsaktivität kann man diese Glaubensgemeinschaft heute auch in entferntesten Regionen der Erde antreffen. An der daraus erwachsenen Erfahrungsvielfalt wird es wohl liegen, daß der Brüdergemeine immer ein weiter Blick eigen war und daß man sich bei den „Geschwistern" des Gründers, Graf Zinzendorff, nie ganz allein aufs seelische Wohlbefinden des Individuums oder auf die Wärme im eigenen Nest konzentriert hat.

Daß man dennoch mit dem Himmel auf du und du ist, drückt sich etwa darin aus, daß in den Gottesdiensten „himmlische" Stimmen von den Emporen – durch Chor und Posaunen verkörpert – mit der unten versammelten Gemeinde korrespondieren. Alte Tradition und Deutung lassen die Teilnehmer liturgisch-spielerisch zu ungewohnter Gemeinsamkeit finden. Manchmal bleibt es den Kindern vorbehalten, das „Hosianna" von oben zu singen und eine Ahnung zu gewinnen, wie beglückend es im Himmel sein kann.

Ein Kindheitsbild der kleinen Sophie inmitten der himmlischen Chöre, mit geweiteten Augen und erfüllt von feierlicher Ernsthaftigkeit, ist jedenfalls kein Produkt reiner Phantasie. In dieser Gemeinschaft erfuhr die Familie Trauerhilfe als Hilfe zum Leben. Bald nach dem Vater war Anna, Sophies wenig ältere Schwester, unversehens gestorben.

Der Familienüberlieferung zufolge war sie schon seit einiger Zeit mit einer alles Übliche übersteigenden Schwärmerei für Jesus zu beobachten gewesen, hatte viel gebetet und dafür besonders devote Formen gesucht – hatte sich, kurzum, überhaupt so aufgeführt, als wäre sie mit ihrem Sinnen und Trachten schon nicht mehr ganz von dieser Welt.

Auf Fernstehende – und für heutige Menschen zumal – wirkt es befremdlich: Klein-Anna soll den sterbenden Vater tröstend auf den

Erlöser hingewiesen haben – mit den kindlichen Versen, über die sie ihrem Alter entsprechend verfügte: „Ist ein Kind auch noch so klein, /Stets soll's ihm willkommen sein." Und mit noch anderen Reimprodukten der Zeit, denen man heute meist nachsagen muß, sie seien von nicht ganz geschmackssicherer Art.

In der Schule wünschte sie sich beim Singen: „Wann werd' ich nach Zion kommen?" Die Familie erzählte sich später davon mit Hinweis auf das unvergeßliche Datum: 22. März 1833. Als Mutter abends die Erbauungsstunde besuchte, ging Anna mit. Anderentags war sie krank. Den folgenden Morgen hat sie nicht mehr erlebt. Mit ihren Versen – manchmal angeblich singend – verabschiedete sie sich, schwächer werdend, von ihrer Umgebung. „Ich bin ein kleines Kindelein und meine Kraft ist schwach; ich möchte gerne selig sein und weiß nicht wie ich's mach." Zuletzt war nur noch „selig sein ... selig sein ..." zu vernehmen.

Den ersten tiefen Seufzer an dieser Stelle muß sich der Autor zuschreiben; er spürt ja, wie ihn nun die Fragen – spitzen Pfeilen gleich – lebhaft umschwirren: Woher solcher Schmonzes? Wer hat das erfunden, und was hat derjenige sich dabei gedacht? Kann das denn mehr sein als ein läppischer Fall von Legende?

Dem ist zu entgegnen: Die Schilderung der Vorgänge um Anna Maltner liegt in schriftlicher Form vor. Sie erschien Jahrzehnte später, im November 1891, allerdings ohne Namensnennung und ohne Preisgabe des Autors, in der schon erwähnten Wochenzeitung „Fabrik-Bote der Meierei C. Bolle". Sie war mit dem Hinweis versehen, diese Begebenheiten „Aus dem Leben und Sterben eines Kindes" seien „von uns sehr nahestehender Seite" mitgeteilt worden.

Anläßlich des Nachrufs auf Sophie Bolle geb. Maltner wurde im März 1895 dann das Geheimnis jener zu Herzen gehenden anderthalb Spalten gelüftet. Und nun kommt an dieser gefühligen Familienerinnerung eben keiner vorbei, der sich von Bolles erster Frau ein Bild machen will. Sie war etwa drei Jahre alt, als die Sache mit Anna geschah – kann also die Einzelheiten kaum selbst so vollständig in der Erinnerung aufbewahrt haben. Nur: Sie trug diese Geschichte ein Leben lang im Gemüt. Schmückte ihr Gedenken womöglich das bis zur Beklemmung peinvolle Erlebnis im Lauf der Jahrzehnte immer blumiger aus? Ergänzten die Familienmitglieder sich dabei gegenseitig unter Inanspruchnahme der Phantasie? Und was steckte dahinter, sieht man mal aufs Ganze? Ekklesiogene Neurose? „Gottesvergiftung"?

Wichtige Fragen, die sich hier lediglich aufwerfen lassen. Immer bleibt die Kenntnis der Vorgänge und ihrer Hintergründe zu dürftig, um zu einer seriösen Urteilsbildung gelangen zu können. Deutlich ist vor allem: Sophie brachte eine beträchtliche Befrachtung der Seele mit in die Ehe. Vielleicht war es gerade der dadurch verstärkte Ernst, der sie für den ernsten Carl Bolle so anziehend machte.

Sie verlobte sich mit ihm. Aber sie ließ ihn mit der Eheschließung warten. Ihre Fürsorgepflicht sollte der im Alter sehr hinfällig gewordenen Mutter für deren verbleibende Tage noch möglichst ungeteilt gelten. Nach Mutters Tod erst fühlte sie sich frei, sich zum Altar führen zu lassen – und dann gleich fort von Berlin, denn Bolle hatte ja, wie wir sahen, seine selbständige Existenz in Plaue an der Havel begonnen.

In der Mentalität beider Eheleute lag es, die Trausprüche, mit denen der Pfarrer sie verbunden hatte, nicht zu vergessen: „Trachtet zuerst nach dem Reich Gottes, so wird euch alles zufallen" (aus der Bergpredigt Jesu nach Matthäus) und: „Einer trage des anderen Last, so werdet ihr das Gesetz Christi erfüllen" (aus dem Paulusbrief an die Galater). Das war das Programm für ihr Miteinander. Hinweise darauf, daß sie gemeinsame Angelegenheiten in gegenseitiger Rücksicht besprachen, braucht man ebensowenig zu bezweifeln wie die Information, daß Carl Bolle auch bei geschäftlichen Überlegungen wissen wollte, wie Sophie darüber dachte.

Einem großen, unruhigen Haushalt hatte sie vorzustehen und sich schließlich um die Versorgung und das Fortkommen von sechs Kindern zu kümmern – was ihr angesichts ihrer häufigen (und wiederholt sehr schweren) Erkrankungen oft nicht im nötigen Umfang gelungen sein kann. Bei Bolles notorischer Rastlosigkeit konnte sie nicht lange mithalten. Er wiederum lernte wohl erst spät, daß er sie nicht überfordern durfte. Die Einsicht hat ihn, als er sie erst einmal gewonnen hatte, bedrückt. Rührend und reichlich übergeschnappt zeigte er ihr daraufhin, daß er am liebsten Bäume ausgerissen hätte für sie.

In Ferienzeiten schickte er die Familie gern in seine Havelheimat. Unweit von seinem einstigen Milower Vaterhaus, zwischen Dorfstraße und Stremme, ließ er 1871 im Stil italienischer Villen das noble Gebäude errichten, das später auch Sitz einer „Ferienkolonie" zur Erholung der Kinder von Betriebsangehörigen wurde. Von dort aus wurden immer zahlreiche Ausflüge gemacht, und bei einer dieser Gelegenheiten hatte Sophie Bolle eine Eiche in der Landschaft gesehen, deren Schönheit sie zu begeisterten Erzählungen hinriß. Ihr Mann ließ den – wie es hieß: hundertjährigen – Baum ausgraben und vor ihr Fenster pflanzen. (Allzugern wüßte man, wie diese gigantische Aktion mit den in Milow vorhandenen technischen Mitteln ausgeführt worden sein soll.)

Eine Geste der Zuneigung, deren Großartigkeit sich nur mit einem Bewußtsein schwerer Versäumnisse gegenüber der Beschenkten erklärt – und die eigentlich gar nicht zur sonst betont schlichten Lebensart des Ehepaars paßt. Beide neigten nicht dazu, in hervorgehobenem Stil aufzutreten. Sophie Bolle mit Juwelen behängt beim Ball in der Oper – schon der Gedanke daran läßt sich nur abwegig nennen. Wohl zeichnete sie ein starker Hang zu Geselligkeit aus. Doch der war von eigener Art. Was die Umgebung an ihr zu bewundern fand, drückte sich unverkennbar in Gedanken aus, die nach ihrem Tod formuliert worden sind.

Sie gehörte nicht zu denen, die sich in ihrer Frömmigkeit von anderen abschließen und in Seufzen und Klagen verzehren ... Sie liebte – ein brüdergemeindlicher Zug – das Gemeinschaftsleben.

Je einfacher, desto schöner das Miteinander. Weil sie die Hände nicht stillhalten konnte, brachte sie in der Zeit, in der Bolles Milchgeschäft schon florierte, ihre Nadelarbeit zu den Begegnungen mit den Frauen der Arbeiter mit. Mit ihrer Schlichtheit und ihrer Zurückhaltung gewann sie Respekt. Was sie damit für das Betriebsklima leistete, ist mehr zu erahnen als zu ermessen. Sie gab sich nicht als die „gnädige Frau" und stilisierte sich auch nicht von oben herab als Wohltäterin.

Was sie an Regungen von Widerspruch gegenüber ihrem Mann manchmal wegstecken mußte, ist mit heutigem Lebensgefühl kaum angemessen zu beurteilen. Alles, was sich in Erfahrung bringen läßt über das Miteinander des Ehegespanns, gibt zu erkennen, daß beider Herzen im Gleichklang schlugen. Und wenn er einem oft wie ein nicht recht besonnener Ackergaul vorkommen kann, läßt sich ausmalen, daß sie in ihrer stillen und bestimmten Glaubensgewißheit ihn in Krisenzeiten bestärken und auf dem Lebenskurs halten konnte, wie sie es sich zugesagt hatten: Einer trage des anderen Last.

Siebzig/Einundsiebzig

Der Mann muß hinaus ins feindliche Leben

Guck dir das an, diese Berliner. „Unter den Linden": zur Masse zusammengeklumpt und doch locker – die Frolleins, der Zeitungsjunge, der Straßenköter, der Fatzke. Spießer, Proletarier, ein paar Nobelfiguren. Wenn irgendwo was los ist, hält es sie nicht zu Hause. Und weil hier aus gegebenem Anlaß jedem das Herz ganz voll ist – angefüllt mit Feierlichkeit und Gefühl für einen Augenblick der Geschichte und (bleiben wir ehrlich) mit Bammel vor dem, was nun kommt –, weil so etwas Bewegendes in der Luft liegt, daß die Fahnen an der Häuserfront sich gar nicht mehr stillhalten können, deswegen haben viele daheim schnell noch das große Pleureusenkleid beziehungsweise den guten Zwirn vom Bügel genommen. Der Augenblick ist erhaben.

Im Vordergrund der Bildmitte bestimmt ein soignierter älterer Herr den atmosphärischen Grundton. Er verneigt sich. Nicht tiefer, als es seinen Jahren wohl ansteht; dadurch wirkt es ungekünstelt, selbstverständlich. Im Hintergrund und doch unübersehbar rollt die königliche Equipage vorüber. Die Königin hantiert mit einem Taschentuch (auch im Publikum ist dieses Requisit öfter zu sehen, wohin sonst mit den Tränen?), während der König grüßend die Hand an den Helm legt. Er nimmt Abschied. Er muß in den Krieg. Soweit man über die mittlere Entfernung etwas von seinem Gesicht ablesen kann, will es wohl sagen: Hilft nichts – da müssen wir durch.

Das Bild hat Menzel gemalt – zu der Zeit, in der sein Kollege Anton Werner bei Bolles, draußen am Landwehrufer, zuzog. Es ist eines der Gemälde, die den Unterschied zwischen der „kleinen Exzellenz" aus dem St.-Matthäus-Viertel (Adolph von Menzel) und dem zeitweiligen Berliner Malerpapst (Anton von Werner, Akademiedirektor) zeigen: Werner schwenkte das Weihrauchfaß des Gegenwartskults mit höchst akrobatischer Kunstfertigkeit; Menzel

Bewegung auf der Straße Unter den Linden – Bewegung in vielen Herzen: Es ist Krieg; der König bricht auf zur Front. Gespannte Erwartung, in die sich auch Zweifel mischt, liegt über der Szene. Der Bildchronist ist Adolph von Menzel.

fing den Lebensaugenblick ein und behielt so bei aller Kunst der Anordnung auch chronistische Glaubwürdigkeit. Aber das nebenbei.

Menzels gemalte Reportage im Rahmen unserer Suche nach Carl Bolles Spuren betrachtend, dürfen wir uns das Objekt unserer Neugier getrost in der Menge vorstellen – vielleicht unauffällig irgendwo im Hintergrund, wo der Maler für einen einzelnen Kopf sowieso nur noch einen Farbtupfer gemacht hat. Bolles Berlin: Hier steht es dicht bei dicht auf der Straße. Er gehört dazu. Was denn sonst? Zwar wissen wir über Äußerungen von ihm zum Deutsch-Dänischen Krieg (1864) und zum Deutsch-Österreichischen Krieg (1866) überhaupt nichts. Aber es fehlt auch jeglicher Anlaß, seine Preußentreue in Zweifel zu ziehen.

1870/71 lagen die allgemeinen Stimmungen offen zutage. Wie Bismarck die Emser Depesche (den Bericht über provozierendes Verhalten des französischen Emissärs gegenüber dem zur Kur in Bad Ems weilenden König von Preußen) für eigene Interessen redaktionell zurechtgestutzt und ausgeschmückt hatte, konnte fast niemand wissen. Doch man kann die öffentliche Stimmung des Menzel-Bildes wiedererkennen, wenn man die Schilderung eines knapp vorausgegangenen Ereignisses durch den noch ganz jungen Hans von Zobeltitz liest.

Ich war am Abend der Rückkehr unseres Königs aus Ems Unter den Linden. Wie das wogte! In atemloser Erwartung zuerst, dann, als der greise Herr im offenen Wagen durch die Menschenmassen fuhr, in brausendem Jubel! Wie Fremde sich umarmten, sich Brüder nannten! Wie in alldem kein überlautes Sichbrüsten, kein Pochen auf den erhofften Sieg war, nur eine feste und getreue Zuversicht: Nun steht ganz Deutschland zusammen ...

Wie wenig das eine rauschhafte Jünglingserklärung genannt werden durfte, bestätigte aus der Ferne etwa die Londoner Zeitung „The Times":

Über eines kann gegenwärtig kein Zweifel herrschen, daß aller Welt Sympathien sich jetzt dem angegriffenen Preußen zuwenden. Napoleon (III.) hat sich zu einer unpolitischen und verbrecherischen Tat hinreißen lassen; die Gedanken des Ersten Kaiserreiches scheinen der Fluch des Zweiten werden zu wollen. Wehe dem Kaiser, wenn seine Soldaten eine Schlappe oder gar eine Niederlage erleiden sollten. Er kann nur als Eroberer heimkehren ...

Und mußte sich dann doch mit einem ganz anderen Ausgang der Dinge abfinden. Besiegt in der Schlacht von Sedan, wurde er Preußens Gefangener in Schloß Wilhelmshöhe. Die Wogen der Emotion durften hoch schlagen. Undenkbar, irgend jemand sei in der Lage gewesen, sich herauszuhalten aus alledem. In diesen Tagen ging auch Carl Bolle nicht einfach auf in den Interessen seiner Geschäfte. Ein eigener Auftritt im Kriegsgeschehen bot sich an, und er nahm die Gelegenheit wahr.

Anfang September wurde ich aufgefordert, mit noch einigen Herren

Liebesgaben, die zusammengebracht worden waren, zu der Division
„Kummer" nach Olgy bei Metz hinüberzuführen. Die Gaben bestanden
hauptsächlich aus dauerhaften Lebensmitteln wie geräuchertem Schin-
ken, geräucherten Würsten, Wein, Zigarren, Schmalz und dergleichen,
sowie auch aus warmen Bekleidungsgegenständen wie Decken, Strümp-
fen, Jacken usw. ... Mit mir fuhren die Herren von Bunsen, Bankier
Schwabe, mein alter Maurerpolier Koeppen und noch zwei andere
Herren.

Offenkundig: eine Aktion von Prominenten, die ein paar weniger prominente Menschen mitnehmen, um deutlich zu machen, daß sie für die Gesamtbevölkerung handeln. Bolle nahm seinen alten Polier mit – waren die „zwei anderen Herren" entsprechende Begleiter für den Abgeordneten Bunsen und den Bankdirektor? Nur ein Schluß ist schon verbindlich zu ziehen: Unter den Teilnehmern an der wohltätigen Mission gehörte Bolle zu jenen bekannten Persönlichkeiten, für die es sich gehört, bestimmte Ehrenämter zu übernehmen.

Das Interesse, das dahintersteht, dürfte meist ein doppeltes sein: In der Öffentlichkeit läßt sich unter Mitwirkung von Prominenten verstärkt Aufmerksamkeit für einen Anlaß zur Wohltätigkeit wecken – ein gutes Beispiel wirbt Nachahmer an. Und: Anerkennung für die gute Tat kommt, ähnlich einem Heiligenschein, auf das Haupt dessen, der sich so – honny soit qui mal y pense – löblich ins Zeug gelegt hat.

Nicht zum ersten Mal übrigens kam Bolle dem ehrenvollen Ansinnen nach, an einer Expedition teilzunehmen, die in öffentlichem Interesse aus dem eigenen Alltag gründlich herausführen sollte. Etwa zwei Jahre lag die Ostsee-Gruppenreise zurück, die wohl Studien über die Bedeutung des Seefischs für die Volksernährung galt und an der auch Virchow teilnahm, der berühmte Arzt und Gesellschaftsreformer. Wer weiß, ob man von der ganzen Unternehmung überhaupt noch etwas wüßte, hätte Bolle selbst nicht ein paar Einzelheiten erzählt. Zum Beispiel, daß Virchow trotz mitgebrachter Vorsorge-Pillen schrecklich von Seekrankheit heimgesucht wurde.

Ja, wenn der Herr Geheimrat erzählt ... 25 Jahre sind vergangen, und der Name Sedan ist allmählich, aber sicher zum Synonym für einen Mythos geworden. Man gedenkt landauf, landab sozusagen der Zeugungsstunde des Deutschen Reichs im Zeichen von Eisen und Blut. Carl Bolle hat die Kriegsteilnehmer von 70/71 aus seinem Unternehmen zusammengerufen. Ihrer vierzehn – der Senior-Chef eingeschlossen – haben die alten Orden angelegt und sitzen eines Abends beisammen, um über ihre Erlebnisse aus jenen Tagen noch einmal zu reden. Der Geheimrat hebt an.

Unter uns: Er gibt allerlei Anlaß, manchmal verstohlene Blicke zu tauschen. Die Transportbegleiter packten ihre Sache offensichtlich unvorbereitet an. Vom Krieg und vom Militär hatten sie keine Ahnung. Und wo praktischer Verstand gefragt war, zeigte sich, daß sich auch die Praktiker unter ihnen im Alltag eben auf ganz anderen Gebieten ergingen. Merkwürdig naiv jedenfalls hört sich Bolles Schilderung an.

In letzter Minute waren der Hilfsexpedition noch einige hundert Pakete für Offiziere der Belagerungsarmee zusätzlich hereingereicht worden. Darunter ein Paket, das aus lauter „Briefen" bestand – „ebenfalls für die Truppen vor Metz", wie die Herren unter gegenseitiger Versicherung festgestellt haben wollten. Die könne man doch schneller und vorteilhafter befördern, war man sich einig. Einer der sechs machte sich auf, die Briefe in einen Briefkasten zu werfen. Erst bei Sichtung der Pakete im Weiterfahren kam ihnen die ernüchternde Erkenntnis, daß es sich mitnichten um Briefe gehandelt hatte, sondern um die Begleitpapiere zu den Paketen.

So hatten wir nun die sehr große Mühe, aus den teilweise unvollständigen, oft kaum erkennbaren Adressen auf den Paketen ihre Empfänger zu ermitteln. Es gelang mir jedoch, nach sorgfältiger Prüfung, fast sämtliche Pakete an die Offiziere auszuliefern, wobei es mir zustatten kam, daß ich mehrere der Herren versammelt fand, bald beim Truppenteil, bald im Garten, bald beim Kaffee und beim Spiel. Überall erregte ich durch Überlieferung der mir anvertrauten Gegenstände die größte Freude.

Zunächst also: Begegnung mit höherrangiger militärischer Männergesellschaft in der Etappe. Blieben noch die wärmenden Textilien, Würste und Schmalzfässer an die Mannschaft zu bringen, die weniger privilegiert war.

Ja, wenn der Geheimrat erzählt: Not des Kriegs, Hunger, Schlaflosigkeit. In den Waggons hatten die sechs noch Verpflegung und

Matratzen gehabt. Als sie sich vom Zug entfernen mußten, um die nötigen Kontakte für die weitere Verteilung zu knüpfen, hatte offenkundig keiner bedacht, daß man in Kriegszeiten Imbiß und Nachtquartier nicht einfach in jeder Ortsmitte bekommt.

Schließlich bemerkte ich einen Zug mit Brot. Ich trat herzu und versuchte, ein Brot herauszuziehen, wurde jedoch von einer Schildwache daran verhindert. Darauf bat ich die Wache, nach einer Richtung einen langen Gang einzuschlagen, ohne sich umzusehen, was sie auch verständnisvoll ausführte, so daß ich Gelegenheit fand, ein Brot zur Stillung des dringendsten Hungers zu nehmen.

Unterdessen hatten sich hungrige Soldaten über den anderenorts abgestellten Hilfstransport hergemacht, hatten sich – vermutlich noch sehr viel hungriger – beim Inhalt der Schmalztonnen gleich mit den Händen bedient und die Zwiebeln an sich genommen.

Übernachtungen auf hartem Boden hatten die Expeditionsteilnehmer zu überstehen, und auch das „sehr unangenehme Zischen" von Geschossen sollten sie noch erleben sowie Granateneinschläge links und rechts von dem durch Pferde gezogenen Landwagen, der infolge der entstandenen Unruhe einen Teil der Ladung verlor. Aller Gefahr trotzend, sammelten die Männer alles wieder ein. Und einmal hatten sich die beiden begleitenden Soldaten gleichzeitig entfernt, als sie den dreifachen Ruf einer Wache – „Halt, wer da?" – hören mußten. Die Herren kannten das hier gültige Losungswort nicht. Ein deutsches Gewehr richtete sich auf Carl Bolle.

In demselben Augenblicke sprang aber auch der mich begleitende Unteroffizier auf die Wache los und entriß ihr das Gewehr, wodurch ich dem sicheren Tode entging.

Ein leitender Mitarbeiter der Meierei C. Bolle hat das Treffen der Kriegsveteranen aus dem Betrieb protokolliert – ihm, Herrn C. Blank, sind Inhalt und Zitate dieses Kapitels zu danken. Der Abdruck in Bolles Hauszeitung gibt Gewähr für Authentizität. Wir mögen manchmal mit dem Kopf schütteln oder gar Belustigung zeigen – Bolle konnte sagen: Ich war dabei.

Gründergeschichten

So geht's im Leben: auf und nieder

Guck dir das an: all diese Uniformierten im Spiegelsaal zu Versailles. Alles so feierlich nach der Einigung, die der Kürassier in der ersten Reihe zuwege gebracht hat: Wir sind ein Reich. Die Blicke sind auf den backenbärtigen Recken auf dem Podium gerichtet: Wilhelm I., Kaiser von nun an. Abgeklärt und reif geworden steht jetzt der „Kartätschenprinz" von dunnemals da, der Mann, der 1848 in Berlin den Schießbefehl gab.

Nur noch Würde ist er, und es nützt gar nichts, daß wir doch eigentlich wissen, was ihm durch den Kopf geht. Schönes Theater – so etwa denkt er auch diesmal –, aber da mußt du nun durch. Wiederholt hat der Künstler, Bolles einstiger Mieter Anton von Werner, die Szene neu und immer ein bißchen anders gestaltet, je nachdem, welche Gesichter im Interesse des jeweiligen Auftraggebers unbedingt ins Bild gebracht werden mußten. Die Ausrichtung der Dargestellten, die Botschaft des Gemäldes aber bleibt immer gleich: Bismarck und der Wehrstand haben vollbracht, was alle ersehnten. Deutschland ist neu formiert, Frankreich geschlagen. Wir sind ein Reich. Und der Kaiser: eine Kultperson allerhöchster Art, ob er nun will oder nicht.

Es ist ein weiter Schritt von Wilhelms Abreise Unter den Linden, wie sie uns Adolph von Menzel zu Gesicht gebracht hat, bis zu dieser politischen Apotheose von der Staffelei Anton von Werners. Griff der eine ins Leben der Zeit, so hielt der andere gleichsam das Schlußbild einer reich besetzten Theateraufführung fest. Manche Regisseure mögen dergleichen: Die Szene erstarrt in andächtigem Schauder; lautlos und langsam schließt sich darüber der Vorhang. Das Publikum, sich aus den Sitzreihen schiebend, wendet noch ein paar Gedanken daran, mit welchen Farben man sich die Zukunft ausgeschmückt denken solle. Jemand wirft die Frage nach der Fahne auf, unter der es nun weitergehen soll.

Theater beiseite. Hat doch – wieder Unter den Linden – jemand das Denkmal des Alten Fritz zur Feier des Tages „mit schwarzrotgelben Farben besteckt". Der Chronist Moritz Busch findet Gelegenheit, Bismarck selbst nach seiner Meinung dazu zu befragen. Der meint, Polizeipräsident Wurmb hätte gleich einschreiten sollen. Für ihn, Bismarck, sei abgemacht, daß es bei den Farben bleibe, die der norddeutsche Bund schon eingeführt habe. Schwarz-weiß-rot also. Einer etwas schnoddrigen Zusatzbemerkung Bismarcks meinte Busch seinerseits einen erklärenden Hinweis anfügen zu müssen.

„*Sonst ist mir das Farbenspiel ganz einerlei. Meinethalben grün und gelb und Tanzvergnügen oder auch die Fahne von Mecklenburg-Strelitz.*" *Nur will der preußische Troupier nichts von schwarzrotgelb wissen – was ihm, wenn man sich an die Berliner Märztage und an das Erkennungszeichen der Gegner im Mainfeldzuge von 1866 erinnert, von Billigdenkenden nicht übelgenommen werden wird.*

Wenn Bismarck so dachte – wer, wenn nicht die noch ganz junge Partei der Sozialdemokraten, hätte da wohl widersprochen? Es war im Sinne all derer, die gute Patrioten sein wollten. Für Carl Bolle zum Beispiel sollte Bismarck-Verehrung noch – mit den Jahren immer stärker – zum Grundbestandteil seines Wertekatalogs werden. Es gibt keinen Anlaß, ihm zu unterstellen, er hätte – zumal nach dem Ausgang des Kriegs, an dem er selbst ein kleines bißchen mitgewirkt hatte – jemals eine andere Meinung vertreten. Er ließ sich aufnehmen vom Wind der Zeit. Und der trug ihn weiter – betriebsam wie eh und je.

Manches deutet darauf hin, daß Bolle zuvor auch schon andere Überlegungen angestellt hatte. Ein Dutzend Erfolgsjahre hatte der so großartig Emporgekommene schon hinter sich. Nicht, daß er sich bei den Emporkömmlingen einreihen wollte, von denen es schon genug gab in diesen Jahren: die sich mit gewonnenem Vermögen einen schönen Tag machten und den lieben Gott einen guten Mann sein ließen. Das hätte zu ihm nicht gepaßt. Aber es ist zu erkennen, daß er in seinem Erwerbsleben fortan wenigstens eine andere Gangart einschlagen wollte.

Guten Grund gab es. Er spürte ihn – um im Bild zu bleiben – unter den Füßen. Festen Stand hatte er gewonnen. Die zwei Millionen, die er besaß (man zählte damals noch Taler), wären aus der

Perspektive des Milower Waisenjungen eine schwindelerregende Summe gewesen. Für den besonnen rechnenden Kaufmann stellte sie Anfang der siebziger Jahre einen soliden Betrag dar, der Zukunftsängste ausschließen konnte.

Er stieß die Eisherstellung ab, und an dem Unmut, mit dem er das weitere Schicksal des Betriebs beobachtet hat, blieb zu erkennen, wie sehr er doch auch in diesem kühlen Gewerbe sein Herz investiert hatte. Aber er dachte wohl auch wieder daran, daß es für einen Menschen mehr geben sollte als nur Geschäfte. Zum ersten Mal gönnte er sich einen Kurzurlaub und unterbrach damit das strenge Ritual der Arbeit, das er sich auferlegt hatte. Wie sein Alltag aussah, verrät der selbst geschriebene Lebenslauf von 1905:

Längere Jahre hindurch stand ich des Morgens vor drei Uhr auf, ging zuerst in mein Eisgeschäft und dann auf die Bauten, dann wieder ins Eisgeschäft ... bis abends acht Uhr.

Die Familie sollte in Blankenburg im Harz Urlaub machen. Und er – er reiste mit. Für ein paar Tage wenigstens; mehr ließ der Vorstellungsrahmen nicht zu. Noch lange nicht. Denn wenn er im Ernst erwogen haben sollte, es sich ein wenig leichter zu machen, dann trat ihm die Versuchung zu einem neuen Großvorhaben nun in Gestalt seiner Bank, der Gewerbebank, in den Weg. Am Spittelmarkt stand Gelände der Matthieuschen Gärtnerei zum Verkauf, außerdem war an der Alten Jakobstraße, der Grünstraße, der Seydelstraße Grund und Boden für insgesamt etwa drei Dutzend Häuser zu haben. Riesig. Greifen Sie zu, Herr Bolle. Es gibt viel zu bauen.

Vergleichbares hat es in Bolles selbstverantworteter Praxis noch nicht gegeben. Wer garantiert dafür, daß die reichshauptstädtische Konjunktur auf dem gerade zu erlebenden Höhenflug bleibt? Die Bank kommt ihm entgegen: Zwei Drittel der Immobilien werde man übernehmen. Es muß sie nur erst einer bauen. Kredit? Kein Problem. Bolle ist der Bank als zuverlässiger Geschäftspartner bekannt.

Berlin in Aufbruchsstimmung: kein unbedingt neuer Befund. Der Wirtschaftsaufschwung hat ja schon vor Jahren begonnen. Als neuer Weg, viel Geld in Bewegung zu setzen, wurde nun auch an der Spree die Aktie entdeckt. Aktien machen Entwicklungen möglich, deren Größenordnung über das Leistungsvermögen einzelner

Was wird nun aus unserem schönen Geld? Aufgeregte Berliner verschiedener Stände (aber mit gemeinsamer Sorge) hielt Ludwig Bokelmann auf einem Ölgemälde fest: „Volksbank kurz vor dem Krach".

Unternehmer oder kleinerer Gesellschaften hinausgeht. Quistorp mit seiner Westend-Gesellschaft zum Beispiel hat auf Aktien gesetzt. Keineswegs bei allen Einladungen zum Aktienkauf handelt es sich um Windbeuteleien. Manche der neuen Firmen – Beispiel: Schering – werden Bestand haben.

Der berühmteste Fall ist wohl Bethel Henry Strousberg, der „Eisenbahnkönig". Mit der Eisenbahnverbindung zwischen Insterburg und Tilsit begann sein Geschäft, dessen Geheimnis darin bestand, daß er das nötige Aktienkapital immer höher als die zu erwartenden Unkosten einsetzte. Er verstand es, sich vielen gefällig zu machen, kam mit Bismarck und Wilhelm I. ins Gespräch und durfte bei seinen Unternehmungen schließlich auch auf manche staatliche Beihilfe rechnen. Kaum zu glauben: An die hunderttausend Arbeitnehmer lebten zeitweise von ihm. Zuletzt aber saß er doch wieder in einem Untermietzimmer – wenn wir von weiteren Elendsstationen wie dem Aufenthalt in einem Moskauer Gefängnis einmal absehen wollen.

Als 1871, nach dem Sieg über Frankreich, die – ach, so kurzen – „Gründerjahre" begannen, war der Zenit der Strousbergschen Traumkarriere bereits überschritten. Um 1872 schwammen dem Mann fast alle Felle davon.

Es war ein wirtschaftliches Treibhausklima, aus dem erst die Gründerbegeisterung und dann unzählig viele Pleiten erwuchsen. „Gründer": Das Zauberwort spielte wohl einerseits auf die Reichsgründung an. Fünf Milliarden Franc hatten die besiegten Franzosen als Kriegsreparation ans Deutsche Reich zu bezahlen – die Summe verstärkte den ohnehin vorhandenen wirtschaftlichen Schwung auf unglaubliche Weise.

Daß die Aufwärtsbewegung sich überschlagen könnte – keiner hielt es für möglich. Wie im Rausch wurden immer neue Firmen gegründet, möglichst mit Aktienkapital nach dem Lawinenprinzip. 1873 war Schluß. Mit dem Abstand der Gebildeten und der Poeten gehörte die Zeitschrift „Kladderadatsch" zu den wenigen Stimmen, denen es gelang, nach der Katastrophe gleich wieder Worte zu finden.

Ein Teil vom Gründungskapital
Fällt an die Gründer allemal;
Drum wird es gleich so hoch bestimmt,
Daß noch was bleibt, wenn man was nimmt.
Und was der Gründer nimmt davon,
Das nennt man Proxenetikon –
Ein griechisch Wort, im Vaterland
Der Deutschen wird es Raub genannt.

Bolle war kein Strousberg. Er war bei seinen mittelständischen Arbeits- und Finanzierungsformen geblieben. Er hatte nur nicht für möglich gehalten, daß sich sein Geldinstitut im Zuge der zeitgemäßen Raffsucht an ihren Projekten verheben könnte. Genau das aber trat ein: Die Gewerbebank war auf dem Weg zur Pleite. Bolle stand betrippst da, hatte wer weiß wie viele Grundstücke am Hals (die im Zuge des „Gründerkrachs" von Tag zu Tag an Wert verloren) und hatte von seinem Kapital mehr eingebüßt, als er zuvor tatsächlich besessen hatte. Eigentlich bestand er nur noch aus Schulden.

„Wen der Herr lieb hat, den züchtigt er", versuchte der fromme Mann sich selbst Trost zuzusprechen. Sein Seelsorger Carl Büchsel besuchte ihn, um seinerseits – wenn irgend möglich – Tröstung zu bringen. Der Dialog, der dabei zustande gekommen sein soll, ist überliefert.

– *Bolle, ich denk, du hast dein ganzes Vermögen verloren?*

– *Ach, den Dreck kann man wiederkriegen.*

Es gibt keine Erklärung dafür, warum Bolle ausgerechnet gegenüber seinem Seelsorger so tat, als wäre der Millionenverlust auf die leichte Schulter zu nehmen. Wollte er sich nicht einmal selbst einräumen, wie tief niedergedrückt er sich fühlte? Oder wußte er schon, daß es so schlimm nicht kommen würde, wie er es sich am Anfang dieser schwarzen Tage ausgemalt hatte?

Daß die Krise mit zähem Fleiß und eisernen Nerven zu bewältigen war, läßt sich beim Studium der Berliner Adreßbuch-Jahrgänge erfahren. 1874 sind für Bolle als Haus- beziehungsweise Grundstückseigentümer an der Seydelstraße zwanzig Einträge zu finden; dabei wird er manchmal als „Maurermeister", manchmal noch als „Besitzer der Berliner Eiswerke" bezeichnet. Darüber hinaus sind an der Alten Jakobstraße und an der Neuen Grünstraße jeweils mehrere Immobilien sein Eigentum. Folgt man den weiteren Jahrgängen, dann hat sich die Gewerbebank wieder berappelt und kommt sogar auf ihre alten Zusagen zurück: Tatsächlich werden Bollesche Neubauten – wie ursprünglich zugesagt – von ihr übernommen; Bolle kann außerdem andere Käufer gewinnen. Schon 1877 gibt es an der Seydelstraße nur noch neun Objekte, die ihm gehören.

Der Unternehmer hat nun jedenfalls guten Grund, sich Zeit für stille Dankgebete zu nehmen. Öffentlich scheint er darüber, daß letztlich alles nur halb so schlimm war, nicht (oder jedenfalls nicht laut) geredet zu haben. Er hatte sich den „Dreck" wiedergeholt –

und wenn er damit Staunen auslöste, wußte er gut genug, daß er damit seinen weiteren geschäftlichen Vorhaben nur nützen konnte. Daß er knapp zwanzig Jahre später zum Beispiel noch einmal in Eigenregie mit der Produktion von Eiseskälte anfing – das zu notieren sind wir hier gerade noch am richtigen Platz. In der Luisenstraße, nicht weit entfernt von den Stätten seines Seydelstraßen-Kraftakts, erwarb er die – zusammen etwa 10 000 Quadratmeter großen – Grundstücke Köpenicker Straße 40/41, um ein Kühlhaus und abermals eine kleine Eisfabrik darauf zu errichten.

In diesem Gemäuer und mit zum Teil ganz alten Maschinen sollte es dann fast ein Jahrhundert lang immer sehr frostig zugehen; erst im Oktober 1991 wurde der Betrieb ganz eingestellt. Nach dem Abschied vom 20. Jahrhundert ist vor ruinösen Altgebäuden und verschlossenem Tor an der Straße nur noch ein unansehnlicher Hinweis zu sehen, daß es hier einmal die Berliner Kühlhaus GmbH gab.

Am Ufer der wendischen Spree

Kietzer Feld – Flacher Hahn – Marienhain

Wäre Umsicht nicht einer der Grundzüge seines Wesens gewesen – kurz vor der wirtschaftlichen Rutschbahn ins Ungewisse hätte er noch Anlaß finden können, doppelt übermütig zu werden. Gelingt es uns auch nicht recht, die Umstände des 1871 erfolgten Verkaufs der Rummelsburger Eiswerke genau zu rekonstruieren, so fallen doch interessante zeitliche Zusammenhänge mit Grundstückserwerbungen ins Auge, die sich auf dem Kietzer Feld am Ufer der Dahme abspielen. Auf der zu Köpenick gehörenden Flur werden Wiesen- und Weidegründe der Allmende privatisiert.

Bolle erwirbt einen Landstreifen von 60 Morgen auf dem „Flachen Hahn" (auch: Haan) – so der Name des Flurteils. Unter dem Namen Marienhain ist das von ihm zum Obstgarten bestimmte Grundstück Wendenschloßstraße 254 bis heute leicht auf Berliner Stadtplänen zu finden. 1872/73 wird von ihm dort zunächst die Erbauung eines Wohnhauses betrieben; es handelt sich um das freistehende kleine Gebäude des anschließend errichteten Gutshofs. Marienhain hat Bolle sich ausersehen als Baumschule und vor allem als Pflanzstätte für Obst aller Sorten. Er setzt auf wachsenden Bedarf bei der Bevölkerung in der weiter wachsenden Hauptstadt und nimmt furchtlos mit Werder, dem bewährten Obstanbaugebiet vor den Toren Berlins, die Konkurrenz auf.

Schon vor Bolle jedoch haben auf dem übernächsten Grundstück nach Süden die Norddeutschen Eiswerke mit dem Bau von Eishäusern begonnen. Mit Torf und Streu gefüllte Holzwände, nach amerikanischem Vorbild gebaut, sollen dicke, gut isolierende Strohdächer tragen. Als Fassungsvermögen werden drei Millionen Kubikmeter veranschlagt, und soviel Eis ist zur entsprechenden Jahreszeit offenbar unschwer zu haben. Herbstwasser und Frühjahrswasser bedecken noch regelmäßig weite Flächen des Kietzer Feldes und schränken die Nutzungsmöglichkeiten durch die Viehwirtschaft ein, deren Rinder und Schafe in der sonnenreicheren Hälfte des Jahres über feste Wege, die Triften, ihre Weideplätze aufsuchen.

Handelt es sich bei der Köpenicker Eisgewinnung um ein Projekt, das seinen Ursprung noch im Kopf des allezeit planenden Betriebsgründers Carl Bolle gehabt hat? Stand dahinter ein Tip, den er den neuen Herren seiner viel weiter nördlich gelegenen Eiswerke mitgab, als man über die Umwandlung in eine Aktiengesellschaft Verhandlungen führte? Oder wurden die Erwerber neugierig gemacht, als sie erfuhren, was Bolle mit dem Erlös aus seiner Eisfirma anzufangen gedachte? Schwer vorstellbar, daß es da keinen Zusammenhang gab.

1875 kommt die Eisgewinnung an der Dahme – auch: „Wendische Spree" – richtig in Gang und behält beste Voraussetzungen für mindestens zwei volle Jahrzehnte. Dann bleiben durch die Aushebung des Kuhgrabens die gewohnten Hochwasser aus. 1901 brennen die Eisschuppen ab, und da lohnt sich wohl eine Wiederherstellung schon nicht mehr.

Was für ein Glück aber für Bolle, vor der Pleite seines wichtigsten Kreditinstituts wenigstens den Köpenicker Grunderwerb noch abgeschlossen zu haben. Man kann Zweifel hegen, ob seine Behauptung, er hätte im Gründerkrach mehr verloren, als er besaß, in jeder Hinsicht ihre Gültigkeit hat. Aber der Besitz auf dem Kietzer Feld ist nach dem tiefen Einbruch zweifellos von hohem Nutzen für neue Kreditwürdigkeit – mal abgesehen davon, daß sich dort auch bald eine Quelle für neue Einkünfte auftut. Das Organisations- und Rationalisierungstalent Carl Bolle versteht es ja auch, in seinen engsten Mitarbeitern die Leidenschaft für Neuerungen zu wecken. In einem etliche Zeit nach den Anfangsjahren erschienenen Werbeprospekt konnte das Unternehmen sich rühmen:

Ein großzügiges Bewässerungssystem mit großer Pumpenanlage ermöglicht es, die ganze Anlage quartierweise in beliebigem Maße unter Wasser zu setzen und so auch im trockensten Sommer für saftige Früchte zu sorgen ... Die Zuführung des Stall- wie auch des künstlichen Düngers geschieht soweit tunlich in gelöstem Zustande vermittelst der Bewässerungsanlage ... Etwa 60 Morgen sind mit Obst-Bäumen und -Sträuchern bepflanzt, zwischen denen Beerenobst und Gemüse als Unterkultur gezüchtet werden ... Ausschließlich der Spargelzucht dienen etwa 33 Morgen. Der sandige Boden ist für diese Kultur der denkbar günstigste.

Früchte des Landes, am Spreeufer direkt vom Obstkahn zu haben: Landwirte nutzten die Chance, die Preise von Wiederverkäufern zu unterbieten. Bolle nahm auf eigene Weise die Konkurrenz auf. Obst und Gemüse von seinen Plantagen auf Köpenicks Kietzer Feld wurden ebenfalls per Schiff herantransportiert. Doch ab Moabit wurden die Produkte dann mit den Milchwagen direkt vor die Haustür gebracht.

Tatsächlich soll es bei den anfänglichen 60 Morgen des Marienhains nicht dauerhaft bleiben. Bolle erwirbt zusätzlich größere Flächen an der „Grünen Trift", die bis in unsere Gegenwart – nun als Straßenzug zwischen Einfamilienhäuschen – mitten durchs Kietzer Feld führt. Nicht zu vergessen: Er kauft schließlich auch noch den südlich an den Marienhain anschließenden Geländestreifen zwischen Marienhain und den Eiswerken hinzu, um dort in den neunziger Jahren neue Maßstäbe für die Erzeugung besonderer Kindermilch zu entwickeln – abermals ein Neuaufbruch, dessen

Würdigung wir um des Zusammenhangs willen ein wenig hinauszögern müssen.

Neue Arbeit braucht neue Hände. Zur Beschaffung von Arbeitskräften hat sich der immer in verschiedene Richtungen denkende Grübler wieder etwas Eigentümliches einfallen lassen: Aus Berlin läßt er sich für die Arbeit Mädchen zuweisen, die als „besserungsbedürftig" gelten und die deswegen unter strengerer Aufsicht zu halten sind. Bolle ist, wie wir wissen, nicht ganz unerfahren auf diesem Gebiet; er hat es sich nun einmal in den Kopf gesetzt, Menschen nicht nur in Arbeit zu setzen, sondern auch zu bessern.

Um die Mädchen unterzubringen, baut er eigene Gebäude mit Schlafsälen an die Grüne Trift. Es läßt sich nicht nachrechnen, ob das für ihn zuletzt billiger ausfällt als das sonst akzeptierte Arbeitsentgelt. Es gibt aber auch hier keinen Anlaß, ihm Unredlichkeit zu unterstellen. Man muß nur an ähnliche Bemühungen erinnern, bei denen es für ihn nicht ohne Enttäuschungen abging.

Zu einem geraden Wuchs will Bolle, nicht zu vergessen, in Köpenick auch jungen Bäumen verhelfen. Aus den Baumschulen, die er anlegen läßt, kann zum Beispiel der Treptower Park bepflanzt werden. Und sicher sind auch die Baumveteranen, die man heute auf dem Marienhain gegen das Ufer hin findet, Kinder aus seinen Kulturen.

Mittendrin – vom üppigen Laub über den hohen Stämmen fast schon verdüstert – steht die Villa, die er sich nach 1890 selbst bauen ließ. Mit Freitreppe in Richtung Dahme, mit rotem Klinkergemäuer in reich ornamentierten, klassizistischen Einfassungen. So ähnlich muß manches ausgesehen haben, was er in den siebziger Jahren unter Quistorps Regie in Westend gebaut hat. Mehr als ähnlich sieht der Neubau dem Milower Ferienhaus, das 1871 gebaut worden ist – nach (wie vermutet wird) einem Entwurf von Bolle selbst.

Was über die Villa an der Dahme erzählt wird, klingt allerdings nach Legende: Bolle hätte den Milower Bau von Spezialisten zerlegen und nach der Verschiffung über Havel und Spree in Marienhain wieder aufstellen lassen. Warum? Weil seiner Sophie wohl das Haus, nicht aber die Milower Umgebung zusagte. Wer einmal nach Milow kommt, sehe genau hin: Die dortige Jugendherberge zeigt statt Klinkern Putz und um die Fenster etwas anders verteilten architektoni-

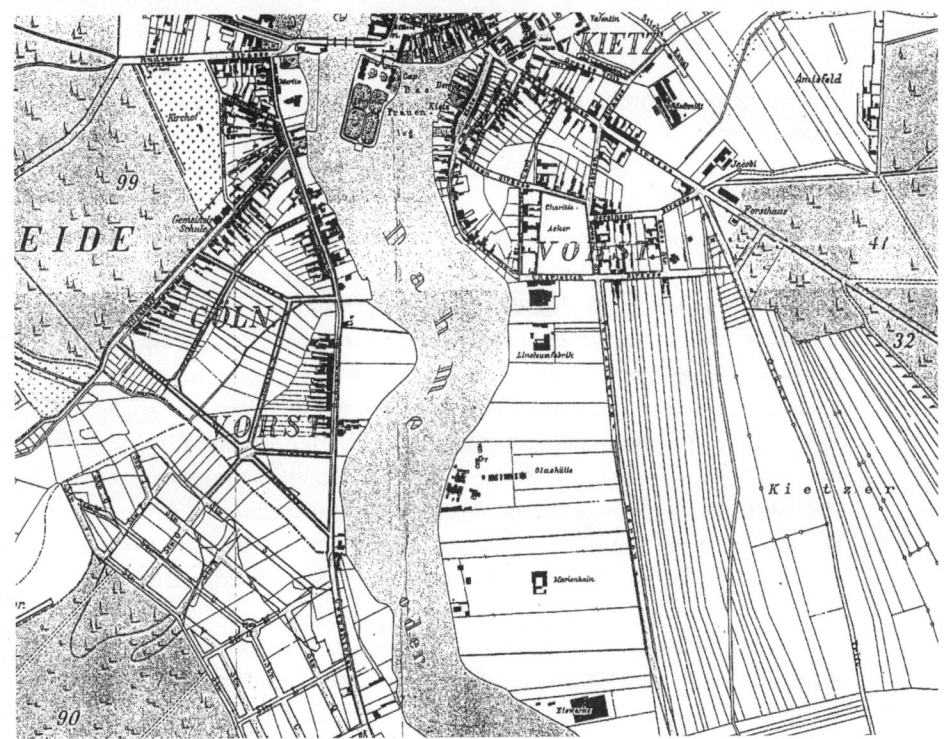

Ein Garten Eden am Ufer der Dahme: Bolles Marienhain ist auf der Karte mit den Gutsgebäuden in der Mitte, aber noch ohne seine Villa zu sehen. Auf dem südlich anschließenden Gelände, das er später hinzukaufte, wurde unter besonders hohen Qualitätsansprüchen Milch für Kinder erzeugt. Drei Grundstücke weiter: die Eiswerke, die als Filialbetrieb eines ehemals Bolleschen Unternehmens Eis aus der Dahme gewannen. Die Gartenbetriebe Bolles bewirtschafteten auch weitere Teile des Kietzer Felds, das inzwischen besiedelt worden ist. Am oberen Rand der Karte: Altstadt von Köpenick und Schloßinsel.

schen Zierat. Im übrigen ist das Gebäude mit Umbauten, die das Wesentliche unberührt ließen, über die Jahrzehnte gekommen; Abriß und Ortsveränderung haben nicht stattgefunden.

Wahrscheinlich hat der seriöse Bolle in diesem Zusammenhang doch einmal geflunkert. Denkbar: Kenner des Milower Baus sprachen ihn auf den Zwillingscharakter des Hauses an, das an der

Dahme gebaut worden war. Da erfand er spontan die Mär von der Verfrachtung – als selbstironische Verklärung des tatsächlichen Hergangs. Er hatte die Baupläne einfach, mit kleinen Änderungen, bei sich selbst abgekupfert.

Bis zum Ausklang des 20. Jahrhunderts hat das Haus im Marienhain die Leitung des Instituts für Zierpflanzenbau an der Humboldt-Universität zu Berlin beherbergt. Es steht unter Denkmalschutz. Vielleicht stammen manche unterirdischen Leitungen des Bewässerungssystems auf dem Gelände aus Bolles Zeiten. In der Mitte des weiten Marienhain-Grundstücks liegt noch immer – zugeordnet dem auf dem Gelände zuallererst errichteten Wohnhaus – der alte Gutshof, dessen historische Bausubstanz vielfach verändert, überbaut, überformt worden ist. An seinen Rändern hat pflanzliches Wachstum längst die kleinen Mauern gesprengt, die früher einmal zu den gärtnerischen Anlagen gehörten. Erde quillt aus Fugen, Staub wird wieder zu Staub.

Marienhain wartet kurz nach der erneuten Jahrhundertwende auf neue Bestimmung. Stadtvillen sollen entstehen. Werden die, die hier einziehen werden, ihren Kindern erzählen: Bolle war hier? Werden sie womöglich der Kirschenfeste gedenken, zu denen Bolles Meierei-Mitarbeiter aus Moabit mit dem Dampfer herkamen? Werden sie manchmal an die Zeiten erinnern, in denen „besserungsbedürftige Mädchen" hier zur Auflockerung des sandreichen Bodens den Buckel krumm machten?

Die alte Villa war Bolles Alterssitz. Nur wenige Schritte von ihr entfernt wird auch ein anderes Baudenkmal Gedenken wachhalten: ein Gewächshaus, das er wohl den verglasten Wein- und Feigenterrassen von Sanssouci abgeguckt hatte. Etwas Luxus durfte es bei ihm auf die alten Tage schon geben. Und: Auch hier mochte er nicht auf eine eigene Andachtsstätte verzichten. Wie am Lützowufer, in Milow, in Moabit ließ sich Bolle auch in Marienhain eine Kapelle einrichten.

Abwarten und Milch trinken

Der kleine Dreh nach dem großen Malheur

Berlin, 1873. Das kann doch wohl kein Zufall sein? Der Gründer-krach geht gerade in die Vollen, da fällt der öffentlichen Schaden-freude am Ufer der Spree eine neue Spottfigur vor die Füße. Tom Belling, ein Amerikaner, ist gerade beim Zirkus Renz an der Friedrichstraße im Engagement. Ein Abenteurer, der immer neue verrückte Einfälle im Kopf hat. Als Kunstreiter, Zauberer und Jongleur hat er sich bisher durchgeschlagen. In Berlin kommt er nicht immer gut an. Wegen eines verpatzten Premierenauftritts hat der alte Renz ihn am 28. November aus dem Abendprogramm ausgesperrt.

Belling streunt übers Gelände, treibt Unfug, setzt sich den Zylin-der des Stallmeisters auf. Als der Chef den Faxenmacher sieht, kommt in der Anspannung der laufenden Vorstellung gleich wieder Zorn hoch: Renz hebt die Peitsche. Belling rennt. Wohin? Blitzschnell ent-scheidet er sich für die Öffentlichkeit. Keuchend stürzt er in die Mit-te des Zeltes. Gleich hinter ihm her: der Direktor. Ohrfeigen klatschen auf Belling ein. Hoch fliegen die Späne aus der Manege.

Als Tom Belling wieder aufsteht, sich den Zylinder angelt und alles wegbläst, was nun einmal nicht auf feine Hüte gehört – da bricht brüllendes Gelächter im Publikum aus. Die Leute kriegen sich vor Spaß nicht mehr ein. Irgend jemand ruft: „August!" Ande-re nehmen das auf: „August! August!" Schreien macht die Seele frei. Und wer den Schaden hat, soll selber sehen, wo er bleibt.

Voilà: Ein neuer Clownstyp ist geboren. Bei Renz wird fortan „der dumme August" zum Renner. Der, dem aber auch alles schiefgeht. Der Sündenbock, der Prügelknabe, über dessen Dämlichkeit man sich einfach kaputtlachen kann. Gut, daß es ihn gibt. Auch der Direktor wird der Feststellung nicht mehr widersprechen: Dieser saukomische Pechvogel, der doch mit Leichtigkeit über sein Elend gleich wieder hinwegkommt – einfach ein Juwel.

So leicht wird es Bolle nicht haben. In der Situation, in der er steckt, zieht es ihn mit keiner Faser in die Manege und an die Öffentlichkeit. Für die auf 1873 unmittelbar folgenden Jahre geben die Quellen, aus denen man sachdienliche Hinweise auf Carl Bolles Lebensführung einholen kann, so gut wie nichts her. Er hat zwar nicht den Kopf eingezogen. Aber er hält sich bedeckt. Keiner soll merken: Er knirscht nun doch mit den Zähnen.

„Den Dreck" wieder holen? Das wird alle Geschicklichkeit und die äußerste Anstrengung kosten. Bolle spuckt in die Hände. Und, wir wissen es schon, rappelt sich wieder auf. Eines Tages wird auch er den Staub vom Hut blasen und sich freuen können, honorig aus dem Millionen-Taler-Mißgeschick hervorgegangen zu sein.

Er konzentriert sich zunächst auf die Seydelstraße und gibt alle anderen Bauvorhaben so schnell wie möglich ganz auf. Dabei wird fast alles, was einkommt, immer gleich von den Hypotheken gefressen. 10 000 Taler hatte er noch als „Notgroschen" auf die Seite getan. Hält man sich an Bolles eigene Darstellung, bleiben ihm die Hände jahrelang leer. Nur die Schulden werden immer um eine Kleinigkeit kleiner.

Im Pechvogeljahr 1873 meldet sich auch noch das Ende eines weiteren Zweigs der Bolleschen Geschäftstüchtigkeit an. Auf seinem Grundstück Landwehrufer/Keithstraße hat er schon frühzeitig ein Speichergebäude errichtet, für dessen regelmäßig fließende Nutzungserträge ein staatliches Gesetz garantiert. Das Haus dient als Niederlage für Getreide- und Fleischerzeugnisse, insbesondere Schmalz.

Bis zur Weiterverarbeitung beziehungsweise zum Weitervertrieb dürfen die hier eingelagerten Güter noch frei von Abgaben bleiben. Doch mit der Aufhebung der preußischen Mahl- und Schlachtsteuer, die 1875 eintreten soll, muß auch das Versiegen dieser Einnahmequelle bei allem weiteren Kalkulieren berücksichtigt werden. Was also soll man mit dem großen Grundstück anfangen, auf dem die Familie Bolle zwar selbst wohnt, das potentiellen Mietern aber meist immer noch zu weit vor der Stadt liegt?

Wie draußen beim Marienhain an der Dahme wird der hiesige Boden selbst etwas hervorbringen müssen, um seine Rentabilität zu erweisen: Bolle legt Baumschulen an. Aber so ein Bäumchen braucht

Der Zoologische Garten: Anfang der achtziger Jahre eine Publikumsattraktion, aus der Bolle durch Einrichtung eines gleich nebenan gelegenen Milchgartens Nutzen zu ziehen verstand.

bis zur Marktreife einige Jahre – und in deren Verlauf wird der Besitzer bald lernen, daß der Dünger, ohne den im Garten nun einmal nichts geht, auch nicht umsonst herangeholt werden kann. Ein freundlicher Lieferant, der offenkundig ganz uneigennützige Molkereibesitzer Storm aus der Tieckstraße, gibt Carl Bolle den Tip, sich selber eine Anzahl Dünger erzeugender Kühe aufs Grundstück zu stellen.

Nicht kleckern, sondern klotzen: Mit gleich 30 Kühen fängt die eigene Düngerproduktion an. Aber das große Erstaunen des fernstehenden Beobachters wird schnell besänftigt, wenn sich wieder herausstellt: Mit halben Sachen gibt sich unser Herr Bolle nicht ab.

107

Storms Anregung war für ihn weiter nichts als ein erster Impuls für ein rundes und einschließlich seiner Konsequenzen durchdachtes Projekt: Kühe geben ja auch Milch. Milch ist gesund, und das ist das beste Verkaufsargument, das es überhaupt gibt, wenn man mit einem Produkt an neue Kundenkreise herankommen will.

Bolles neues Projekt wurde am 12. Mai 1880 in der Vossischen Zeitung als „ebenso anmutige wie sanitär ersprießliche Anlage ... des Herrn C. Bolle" beschrieben.

Derselbe hat aus mehreren Gärten ein wahrhaft reizendes Idyll geschaffen, wo zwischen Blumen und Fontänen in schattigen Bosketts jenes in unserer Metropole doppelt begehrenswürdige Lebensmittel, die frischeste, vorzüglichste Milch, erzielt von Kühen edelster Rasse unter sorgfältigster Pflege und erprobter Fütterung dem Publikum geboten wird.

Bestandteile der Baumschule scheinen nun also zu den in Parkanlagen beliebten „Bosketts", zu Ziergesträuchgruppen, geworden zu sein. Und dazwischen sagt Bolle den Bierwirten entschlossene Konkurrenz an. Gegen Bier hat Bolle ja ohnehin was. Als Mann vom Bau weiß er, was Bier anrichten kann. Und als Anrainer des Berliner Wanderwegs zum Zoologischen Garten hat er vor Augen, wie den Berlinern, die sich eigentlich den Zoo zum Ziel gemacht haben, an sonnigen Tagen unterwegs die Molle in der Kehle zischt. Manche holen sich schon morgens einen Zacken für die dicke Rauscheskrone, die sie abends heimtragen werden. Und manche halten ihr Bier sogar den Kindern mal an die Lippen.

Nicht bei Bolle. Im „Gedenkbuch der Meierei Bolle" von Carl Düwelsdorff, das als Typoskript über die Jahrzehnte gekommen ist, wird vermeldet:

Bei gutem Wetter ging bei solcher Anlage die Milch denn auch schlank weg. Anders gestaltete sich die Sache jedoch bei schlechtem Wetter. Es waren alsdann recht reichlich Vorräte an Milch vorhanden, die mühsam mit der Hand verarbeitet werden mußten.

Und nun beginnt es – wie in einer richtigen Meierei – in der Nachbarschaft des Zoologischen Gartens kräftig nach Käse zu riechen. Noch schweigen die Bimmeln, deren Getön Bolles Weg zum Milchkönig markieren wird. Aber bald schafft Bolle zwei Milchwagen an, die einen wachsenden Kreis von Stammkunden mit

Milch in Flaschen beliefern. Milch wird der Treibstoff seines neuen, dauerhaften Erfolges. Mögen Spötter sich anfangs über die „Kuhdestille" oder die „Babytheke" die Mäuler zerreißen – warte nur, bald wird der Ausspruch die Runde machen, der Berliner Kindern in der Sommerfrische bei Beobachtung einer melkenden Bäuerin abgelauscht worden sein soll: „Is det umständlich. Die Milch bei uns kommt von Bolle."

Im Zoo, nebenan, hat sich ja auch vieles geändert. Immer weiter – einer neuen, umsichtigen Leitung sei Dank – wachsen die Besucherzahlen in die Höhe.

Der unermüdliche Direktor weiß auch das lebendige Interesse, welches das Publikum für seine Schöpfung kundgibt, stets wach zu erhalten und bietet alle Mittel auf, nicht nur den wissenschaftlichen Zweck zu wahren, sondern auch allen ästhetischen Anforderungen zu genügen. Fast allwöchentlich melden die Zeitungen neue Einwanderer, und der Berliner hat dann keine Ruhe, bevor er das berühmte Vieh mit eigenen Augen gesehen hat.

Robert Springers Buch „Berlin – Die deutsche Kaiserstadt" ist ein Jahr vor der Gründung von Bolles Milchgarten erschienen. Bei der Lektüre gewinnt man einen Eindruck davon, wie lebhaft es mittlerweile, insbesondere an manchen Sonntagen, zugegangen sein muß – zum Nutzen bald auch für den Milchausschank Bolles.

Der Besuch ist überaus zahlreich; bei herabgesetztem Eintrittspreise an einem Sonntage beläuft sich derselbe zuweilen bis auf 30 000. Von den 4 200 Abonnenten abgesehen, wurde der Garten im Jahre 1874 von beinahe 700 000 Menschen besucht ... Diese Leute aus dem kleinen Bürger- und Handwerkerstande, diese Familien und Liebespärchen, Greise und Kinder freuen sich harmlos und aufrichtig der schönen Gartenpracht, bewundern und bestaunen die fremden Tiere und finden immer neue Quellen der Unterhaltung und Lust, bis die Sonne sinkt und die Vögel ihre Köpfe unter die Flügel stecken, um vielleicht von ihrem fernen Heimatlande am Nil oder Ganges zu träumen.

Schon damals galt: Wer den Berlinern zu solchem Erleben auch etwas Originelles zum Schlucken anbietet, liegt immer richtig. Neben dem Erfrischungsgetränk „frisch von der Kuh" war in Bolles Milchgarten Dickmilch aus „Satten" – größeren flachen Schüsseln – zu haben.

Ganz widerstandslos hatte Bolle sein Projekt übrigens auch diesmal nicht bei den Behörden durchsetzen können, wie eine Notiz im Berliner Tageblatt vom 1. September 1880 andeutet. Aber wieder einmal war es ihm gelungen, die richtigen Verbindungen zu knüpfen und spielen zu lassen: Die Kronprinzessin (die spätere „Kaiserin Friedrich") habe sich eingeschaltet und – so das Blatt – ihren „lebhaften Wunsch" geltend gemacht, Bolles Absicht zu unterstützen.

Handelskonzepte

Ein Philosoph verrechnet sich

Natürlich mußte man den Milchhandel nicht erst erfinden. Das Problem hieß vielmehr: Wie bringt man die Milch frisch und hygienisch an die Hausfrau, an das Kind – und womöglich sogar noch an den Mann? Auch der ambulante Handel hatte sich längst des leicht verderblichen Nahrungsmittels bemächtigt. Milch wurde – oft auf Hundewagen – vor die Haustür gebracht und dort aus dem Fasse geschöpft. Hygienisch war das nicht.

Der Transport vom Lande gestaltete sich vor allem in der Sommerzeit schwierig – oft war die Milch sauer, ehe sie beim Weiterverkäufer ankam. Auch darauf, Kühe gleich in die Stadt zu holen und in den Verkaufsgebieten unterzustellen, war nicht erst Bolle gekommen (sogenannte Abmelkbetriebe hat es in Berlin noch bis um die Mitte des 20. Jahrhunderts gegeben).

Unter denen, die sich vor Bolle am grünen Strand der Spree auf dem Gebiet des Milchhandels versuchten, befand sich ein bekannter, ja, man kann wohl sagen: ein zumindest später berühmt gewordener Intellektueller. Er selbst schätzte sich als Denker so hoch ein, daß er nicht mehr Johann Caspar Schmidt heißen wollte, wie er im Taufregister stand. Als Max Stirner brachte er sich ins Gerede –

– *ein schlanker, stets sorgfältig gekleideter Mann von Mittelgröße. Der kurze blonde Backenbart ließ das Kinn frei; hinter einer Stahlbrille blickten blaue Augen ruhig und freundlich auf Menschen und Dinge, und den feinen Mund umspielte gern ein zu leiser Ironie geneigtes Lächeln.*

Der ihn so beschreibt, der Schotte John Henry Mackay, hat ihn in Wirklichkeit erst nach längerem Vergessensein, rund ein Vierteljahrhundert nach seinem Tod, wiederentdeckt – als den Philosophen eines Egozentrismus, der seinesgleichen nicht hatte. Mit seinem Werk „Der Einzige und sein Eigentum" ist Max Stirner seit seiner Wiederentdeckung durch Mackay der geistigen Welt im Gedächtnis

111

geblieben. Meist als abschreckendes Beispiel: Er erhob den Egoismus zur alleinseligmachenden Ideologie, sagte sich vom Christentum los und proklamierte den „neuen" Menschen:

Er sieht sich nicht für ein Werkzeug der Idee oder ein Gefäß Gottes an, er erkennt keinen Beruf an, er wähnt nicht, zur Fortentwicklung der Menschheit dazusein und sein Scherflein dazu beitragen zu müssen, sondern er lebt sich aus, unbesorgt darum, wie gut oder schlecht die Menschheit dabei fahre.

Wo kein Beruf anerkannt wird – wer könnte sich da, nolens volens, nicht auch einmal als Milchhändler versuchen? Eines Tages kam also auch dieser Einfall in Max Stirners Kopf. Der Denker hoffte, damit den schnellen Taler machen zu können. Schon weil er in allen Stücken zu Bolle den Gegensatz abgibt, lohnt es sich, seinen Fall, der sich um die Jahrhundertmitte in Berlin abgespielt hatte, hier zu beleuchten.

Heute würde man Stirner vielleicht der „Anarchoszene" zurechnen. Ein Aussteiger, der trotzdem jahrelang in einer Gruppe junger Intellektueller mitlief. „Die Freien" nannten sie sich. In ihren Debatten, bei denen er sich meistens – schlag nach bei Mackay – in stiller Zurückhaltung gezeigt haben soll, rüttelten sie an den Grundfesten der Welt und der Gesellschaft. Stirner (oder: Johann Caspar Schmidt) brachte sich in Berlin als Hauslehrer durch. Wenn die Weinstube Hippel – Tagungslokal der „Freien" in der Friedrichstraße – die Zeche nicht mehr anschreiben wollte, sollen Mitglieder der Gruppe sich nicht gescheut haben, auf der Straße fechten zu gehen. Fontane nannte sie in herablassender Ironie die „Sieben Weisen des Hippelschen Kellers".

Stirner heiratete eine wohlhabende Erbin, die nach Berlin gekommen war, um das wahre Leben zu suchen. In heutiger Sprache: Als „Groupie" stieg sie zunächst ein bei den „Freien". Ihr Vermögen gab die wirtschaftliche Basis für die Arbeit Stirners an seinem Buch ab, und der Rest wurde schließlich für die bewußte gemeinsame Milchgeschäfts-Gründung verwendet. Fontane weiß zu berichten:

Die Milch kam denn auch, aber die Käufer blieben aus, und nachdem schließlich mehrere Tage lang ein gewisser saurer Milchton die ganze Bernburger-Straßen-Luft durchzogen hatte, sah man sich genötigt, eines Nachts den ganzen Vorrat in die damals noch in Blüte stehenden Berliner Rinnen ablaufen zu lassen. – Das Vermögen der Frau Stirner war hin.

Und die Ehe bald auch. Vielleicht hatte die unternehmungslustige Marie, der auch eine Bordell-Erkundung in Männerkleidern nachgesagt wurde, Stirners philosophisches Werk doch nicht richtig gelesen. Zwar hatte sie sich in der Widmung („Meinem Liebchen") mit Entzücken wiedererkannt. Daß sie beim Lesen gleich bis zu den zentralen Aussagen des Buches vordrang, ist kaum anzunehmen. Da wäre sie auf fatale Metaphern gestoßen.

Vom Gelde hängt Glück und Unglück ab. Es ist darum in der Bürgerperiode eine Macht, weil es nur wie ein Mädchen umworben, von niemand unauflöslich geehelicht wird ... Wer das Glück hat, führt die Braut heim. Der Lump hat das Glück; er führt sie in sein Hauswesen, die „Gesellschaft", ein und vernichtet die Jungfrau. In seinem Hause ist sie nicht mehr Braut, sondern Frau ... Als Hausfrau heißt die Geldjungfer „Arbeit" ... Sie ist ein Besitz des Mannes.

Der Mann mit dem titanischen Selbstgefühl starb neunundvierzigjährig an einer Infektion, die auf einen Mückenstich zurückgeführt wurde.

Als Carl Bolle nach Berlin kam, war die Zeit von Stirner schon fast vorüber. Möglicherweise hat Bolle nie etwas von dem verdrehten Solipsisten gehört. Ganz unabhängig davon fordern die beiden Typen aber geradezu zur Gegenüberstellung heraus. Hatte der Philosoph offenkundig gemeint, die praktische Seite des Lebens regele sich irgendwann von selbst, so ging Bolle mit einer Gründlichkeit an Projekte heran, die schon wissenschaftlich genannt werden könnte. Er recherchierte, durchdachte, wertete anderer Leute Erfahrung unter Berücksichtigung eigener Gesichtspunkte aus und hielt das Risiko damit überschaubar.

Mit der Bimmel

Bolle auf Siegesfahrt

Gut, daß es für jeden Erwerbszweig ein Fachblättchen gibt. Ein Hinweis aus der Milchzeitung hatte bei Bolle neue Überlegungen ausgelöst. Mit seinem Milchausschank war er ja doch immer vom Wetter abhängig. In Magdeburg, las er, hatte jemand – wie er selbst – Pferdewagen zum ambulanten Verkauf auf die Straße geschickt und dazu neue Methoden entwickelt. Das wollte sich Bolle mal ansehen. Mit seinen Söhnen machte er sich auf zur Exkursion. Der Direktor des Magdeburger Unternehmens, Blank hieß er, erwies sich als umgänglicher Mann. Man kam ins Gespräch. Die Besucher nahmen Anregungen mit.

Wird der Name Blank an verschiedenen Stellen deswegen ausdrücklich erwähnt, weil er später in Berlin als Name eines leitenden Mitarbeiters der Meierei C. Bolle wieder auftaucht und sein Träger womöglich identisch mit dem Magdeburger Tipgeber ist? Es wäre interessant und klingt höchst wahrscheinlich – nur nachweisen läßt es sich hier leider nicht.

Eine Art Nachtwächterhorn gab in Magdeburg den Werberuf ab. Der Milchkutscher setzte es an, sobald er in der Straße haltgemacht hatte, und rief damit die Kundschaft an seine Kannen. Letztere scheinen für Bolle in ihrer Beschaffenheit neu gewesen zu sein; vermutlich hatte auch sein Milchbetrieb solange noch mit Holzgefäßen gearbeitet. Weitere Erkundungsfahrten scheinen schon bald unternommen worden zu sein. Der Niederbarnimer Molkerei auf dem Tempelhofer Berg galt die eine; eine weitere führte nach Breslau. In Carl Düwelsdorffs bereits zitiertem maschinenschriftlichen „Gedenkbuch der Meierei Bolle" kann man über Magdeburg und Tempelhof lesen:

Diese Meiereien zeigten zu jener Zeit allerdings noch recht primitive Anlagen. Indessen gab es zur Zeit noch nichts Besseres. Man mußte sich mit dem begnügen, was Wissenschaft und Erfahrung bis dahin gezeitigt

hatten, und man (gemeint ist die Gründungsmannschaft um Bolle) war
daher auch genötigt, die nächsten Einrichtungen zur Errichtung der
neuen Meierei nach den oft recht mangelhaften Angaben von Fachleuten
zu treffen.

Vor diesem Hintergrund kaufte Bolle seine Milchbehandlungs-
anlagen ein; zwei Zentrifugen sah er von Anfang an vor. Den Proto-
typ für seinen Verkaufswagen ließ er dreifach herstellen. Und: Er ließ
jene Handglocken anschaffen, die ihn in Berlin berühmt machen,
ihm aber auch noch viel Ärger einbringen sollten. Wegen der Berliner Hinterhöfe wollte er sich mit dem Straßensignal nicht begnügen, auch in den Hausfluren sollte jedermann hören: Der Milchmann ist da. Außerdem wurden Fahrpläne gedruckt und unter die
Leute gebracht: Möglichst zur gleichen Minute sollte der Wagen täglich vorm gleichen Haus stehen.

Unter den Studienobjekten hatte wohl Breslau den besten Eindruck gemacht. Jedenfalls wurden die ersten drei Milchkutscher in
die Schlesierhauptstadt zur Ausbildung geschickt. Die im eigenen
Stall gemolkene und zusätzlich eingekaufte Milch wurde auf die
Wagen verladen, die Kutscher standen bereit, und die Pferde scharr-
ten – ein wenig müde, denn die Nacht war noch lange nicht vorbei
– mit ihren Hufen, als es am 27. Februar 1881 zur entscheidenden
Erstfahrt auf die Straßen Berlins gehen sollte.

Um drei Uhr in der Frühe hatten die beteiligten Leute die ersten
Handgriffe gemacht. 5.30 Uhr hätten die Wagen losfahren sollen.
Doch erst anderthalb Stunden später wurden die Arbeitenden
tatsächlich fertig. Der Chef pfiff das Unternehmen gleich ab: Pünktlich oder gar nicht, entschied er. Die Vierbeiner kamen zurück in
den Stall, und die Zweibeiner säuberten Wagen und Gerätschaften
für den folgenden Tag.

Die Nervosität des 28. Februar kann man sich höchstens
annähernd vorstellen. Die Erinnerung der Söhne läßt die Spannung
ahnen, die drückend über dem Hof lag und vor allem Hausvater
Bolle erfüllte.

Am nächsten Morgen fuhren dann die drei ersten Wagen auf die
Minute präzise vom Hof. Mein Vater sah ihnen nach und sagte: Jungens,
paßt auf, das Geschäft wird nichts – oder es wird riesengroß... Kommen
die Wagen ausverkauft, bestellen wir gleich noch zwanzig. – Um elf Uhr

kamen die drei erstgesandten Wagen, ausverkauft bis auf den letzten Tropfen.

Im Handumdrehen machte sich die neue „Provincial-Meierei C. Bolle" in Berlin zum Begriff. Drei weitere Wagen waren bereits in Auftrag gegeben. Bolle war sich seiner Sache also recht sicher. 1882 schickte er 56 Wagen auf Tour; 138 waren es zehn Jahre später – und damit war die Expansion längst noch nicht zu stoppen. Der Bolle-Wagen wurde – so der spreestädtische Kulturhistoriker Hans Ostwald – zur „Milchkuh des Berliners".

Alsbald meldeten sich die konkurrierenden Berliner Milchpächter mit fadenscheinigen Argumentationen gegen das neue Unternehmen zu Wort. Unter anderem polemisierten sie gegen den Rahmentzug aus der Milch durch Zentrifugieren. Nur die Flüssigkeit bleibe erhalten, hieß es.

Unsere Erfahrung, die ja sehr ausgedehnt ist, lehrt uns, daß Unternehmen nach Art der sogenannten „Provincial-Meierei" nur den einen Erfolg haben, das Publikum zu verwirren. Inwiefern das Ausrufen und Ausklingeln eines Nahrungsmittels von der Bedeutung der Milch angemessen ist, das zu beurteilen überlassen wir getrost dem Urteil des denkenden Publikums.

So wurde – laut „Gedenkbuch" – in einem Schreiben an den Herausgeber der Zeitschrift „Nahrungsmittel" bekundet. Doch offenbar verliefen die Überlegungen des „denkenden Publikums" dann doch anders als von den bisherigen Herren des Milchmarkts erwartet, denn schon im August 1882 wußte die Vossische Zeitung zu melden, der Verein der Milchpächter habe beim Magistrat – vergeblich – nachgesucht, das Ausklingeln der Milch zu verbieten. Begründung: In dem Straßenverkauf der Milch liege „das einer Großstadt unwürdige Ausbieten von Waren". Laut „Vossische" hatte demgegenüber der Magistrat festgestellt, Verkehrsstörungen durch das Ausklingeln hätten sich nicht ergeben, und Bolles Straßenverkauf werde „von einem großen Teil des Publikums sehr gern gesehen".

Mit den einzelnen Behörden freilich mußte Bolle Erfahrungen machen, die dem preußischen Beamtentum kein gutes Zeugnis ausstellen. Seine Verärgerung richtete sich vor allem gegen das (nun schon weithin verstaatlichte) Eisenbahnwesen: Die Behandlung der Milchkannen sei völlig unangemessen – „roh", sagt das „Gedenk-

Bolle-Kundinnen am Bolle-Wagen: Häufig war der Einkaufsgang mit dem Kännchen reine Dienstmädchensache.

buch". Auf Beschwerden gegen die Lehrter Bahn, ihr gleichnamiger Bahnhof sei nicht vor drei Uhr zu öffnen, bekam Bolle Bescheid, für den Staat sei es gleichgültig, von welcher Bahn Milch transportiert würde. Keine Angst vor großen Tieren: Bolle rief Bismarck zu Hilfe. Und das tat dann seine Wirkung.

Bei der Nordbahn stürzten in einer bestimmten Kurve immer die Milchkannen um – was die Aufforderung der Bahnleute an Bolle auslöste, seine Milch gefälligst, wie andere auch, in den herkömmlichen Milchfässern zu transportieren. Auf den Gedanken, die Kannen kurvenfest unterzubringen, kam keiner. Schlimmeres noch: Hier und da hätten sich die Bahnbeamten am Transportgut Milch auch selber kräftig bedient. „Es hat nichts ermittelt werden können", sei auf alle Beschwerden die Antwort gewesen.

Nach solchen Erfahrungen suchte Bolle sich von den Eisenbahnen unabhängig zu machen und eigene Flußschiffe den Transport übernehmen zu lassen. Der erste Milchdampfer schickte 1885 seinen Qualm über den Landwehrkanal – und eröffnete damit eine Serie weiterer Mißhelligkeiten. Eine neue Vorschrift sah „plötzlich", wie es im „Gedenkbuch" heißt, für Schiffe dieser Größenordnung vier- statt dreiköpfige Besatzungen vor. Auch sonst scheinen die Männer auf den Schiffen nicht immer den polizeilichen Vorstellungen entsprochen zu haben. Es hagelte Strafmandate. Auch dann noch, als die Polizei alle Schiffsmannschaften amtlich anerkannt hatte. Hartnäckig hielt ein einzelner Bauinspektor namens Mohr daran fest, die Leute auf Bolles Schiffen seien alle unzuverlässig.

Für Bolle ein kostspieliges Zwischenkapitel in der Firmengeschichte, die freilich gegen alle Widerstände nur noch steilen Aufwärtstrend zeigte. Das Experiment, Milch für Berlin mit Schiffen heran zu transportieren, war einfach mißlungen. Und wenn wir es vorsichtshalber offenlassen, ob das Scheitern allein auf Behördenlaunen zurückgeführt werden darf, so blieb für die Firma mit Befriedigung doch zu registrieren, daß an anderer Stelle etwas in Bewegung gekommen war: Den Eisenbahngesellschaften war aufgefallen, was für ein zukunftsträchtiges Dauergeschäft ihnen wegen fehlender Elastizität aus den Händen geglitten war. Wir können den Firmenchronisten Düwelsdorff über „das eine Gute", das sich nach der gescheiterten Schiffstransport-Phase ergab, erleichtert aufatmen hören, „daß nämlich die Bahnverwaltungen kulanter geworden waren".

Wie sehr Bolle bemüht war, keine Gewinnchance ungeprüft zu lassen, zeigte sich auch bei seinen Experimenten mit einem Nebenprodukt der Meiereiarbeit: mit der Molke. So leichtsinnig, die grüngraue Flüssigkeit als Abfall zu betrachten und durch den Gully einfach abfließen zu lassen, war Bolle nicht. Versuche, die Molke beim Backen zu verwenden, schlugen offensichtlich gut an. Daraufhin wurde ein Backbetrieb eingerichtet, der Brot und vor allem Brötchen herstellen sollte. Die Backwaren verdankten der Molke dunklen Glanz. Das weckte Neugier und Appetit bei den Kunden, denen nun täglich frisch mit der Milch auch noch „Molkenbrod" zugestellt werden konnte. Es sei „besonders blutarmen, bleichsüchtigen Personen und allen denen zu empfehlen, welchen das Trinken der Milch in natürlichem Zustande widersteht", lockte die Werbung.

Doch der Versuch hatte zur Folge, daß Bolle wichtige Milchkunden verlor: die Bäcker. Viele hatten ihre Milch von ihm bezogen. Als er mit ihnen zu konkurrieren begann, sahen sie sich nach anderen Lieferanten um. Und auch mit dem Personal für die Bäckerei gab es ungewöhnlichen Ärger. Handelte es sich um Leute, die nicht ohne Grund nach einer Stelle gesucht hatten? Sie neigten zum Streiken und erwiesen sich auch sonst als allzu undiszipliniert. Als Bolle eines Nachts zwischen zwei Bäckern stand, die mit Messern aufeinander losgehen wollten, nahm sein Brötchengeber-Ehrgeiz auf dem Gebiet der Bäckerei erheblichen Schaden. Er gab den Backbetrieb bald wieder auf.

Nicht dagegen sein Vertrauen, daß Molke ihren Wert hat: Ihr war der Milchzucker zu entziehen, der als Anreicherung der verdünnten Kuhmilch bei der Säuglingsernährung eingesetzt werden sollte. Bolles Meierei stellte den Milchzucker später selbst her und brachte ihn „in Büchsen von 1/2 Pfund" zum Verkauf. Die Werbung:

Der in der Frauenmilch enthaltene Zucker ist seiner Zusammensetzung nach völlig identisch mit dem Milchzucker in der Kuhmilch. Dieser kann demnach bei der Säuglingsernährung als vollwertiger Ersatz Verwendung finden. Die Frauenmilch ist aber reicher an Milchzucker als die Kuhmilch, indes ärmer an Kasein. Da die Kuhmilch als Säuglingsnahrung wegen ihres hohen Kaseingehalts mit Wasser verdünnt werden muß und dadurch noch ärmer an Milchzucker wird, so muß dieser Mischung eine entsprechende Menge des letzteren hinzugefügt werden.

Keine Chance mehr für Ammen aus dem Spreewald, die für die Vornehmen unter Berlins jungen Müttern oft einspringen mußten.

Kutscher in Fürstenrollen

Ein Lutherfestspiel für das deutsche Gemüt

Spätestens im zweiten Jahr der „Provincial-Meierei" hatte sich Bolle nach zeitgenössischen Angaben auf den ersten Platz unter den Milchvermarktern auf dem Kontinent katapultiert. Um sich ein realistisches Bild davon zu machen, darf man nicht heutige Wirtschaftsvorstellungen auf die Verhältnisse im letzten Viertel des 19. Jahrhunderts projizieren. Bolle war zwar, wenn es um Milch ging, die Nummer 1 in der Reichshauptstadt und konnte damit für die Regeln der Branche die Maßstäbe setzen. Zur absoluten Herrschaft über den lokalen Markt fand er keine Chance; nach den vorliegenden Einschätzungen wurden auch in seiner besten Zeit etwa 85 Prozent des Berliner Milchbedarfs von anderen Lieferanten gestillt. Die Konkurrenz ruhte nie.

Doch auf dem trapezförmig sich ausbreitenden Gelände hinterm Grundstück Landwehrkanal 31 wurde es enger. Raum für Milchverarbeitung in größerem Ausmaß, dazu noch für mehr als ein halbes Hundert Wagen und Pferde sowie für deren Pflege wurde gebraucht – zunächst jedenfalls. Nach einiger Zeit wurde der ganze Fuhrpark in die Schöneberger Martin-Luther-Straße verlagert. Aber da läßt sich ahnen: Die logistischen Probleme der Betriebsführung vergrößerten sich zunächst nur.

In der Natur der Milch lag ein anderer Punkt, über den gründlich nachgedacht werden mußte. An sieben Tagen in der Woche wird sie gemolken. An sieben Tagen in der Woche ist sie frisch zu den Kunden zu bringen – wenn geltende Gesetze und Verordnungen dem Sonntagsvertrieb sowenig entgegenstehen wie persönliche Skrupel. Hätte Bolle letztere überhaupt nicht gekannt, müßten wir uns im Gedenken an seine Erweckung doch wirklich wundern.

Wer die Evangelien kennt, wird sich ans Ährenzupfen der Jünger Jesu am Sabbat erinnern: Als sie an einem Feiertag unterwegs waren und ein Getreidefeld in ihren Blick kam, griffen sie zu, um sich ein paar Körner zwischen die Zähne zu schieben. Rechtgläubige Beobachter regten sich auf, doch ihr Meister interpretierte das Sabbatgebot auf eigene Weise.

Was sein muß, muß sein. Es geht nicht an, Kühe am Feiertag ungemolken zu lassen und hungrige Kleinkinder in die Kammer zu schließen. Bolles Kutscher und Pferde mußten sich also auch an den Sonntagen rühren. Und weil die Männer damit verhindert waren, am Sonntagmorgen dem Ruf der Glocken zu folgen, ließ Bolle sie einfach schon am Sonnabendnachmittag zum Gottesdienst rufen. Ein Saal mit 300 Plätzen, der auch informatorischen und festlichen Betriebsversammlungen diente, wurde mit einer Orgel versehen. Andreas Bolle fungierte als Organist; zum Predigen wurde Superintendent Merensky bestellt – ein Mann, mit dem Bolle senior vor allem das wieder kräftiger gewordene Interesse an der Missionsarbeit in Afrika teilte.

Der Chef als Hausvater, der auch um das seelische Befinden seiner Leute besorgt blieb: Lag es daran, daß er es nun – zu einem gar nicht kleinen Teil wenigstens – mit Leuten zu tun hatte, die in seinem Dienst Beständigkeit fanden? So ein Kutscher hat seine Pferde, mit denen er sowieso auf du und du ist. Er hat seine Kundinnen und Kunden, mit denen er Tag für Tag ins Gespräch kommt. Feste Lebensbezüge stellen sich in seinem Alltag viel leichter her als bei einem Arbeiter, der von Baustelle zu Baustelle zieht und dabei zwangsläufig öfter auch den Brotgeber wechselt.

Im Katalog sozialer Leistungen für die Lohnempfänger stand das Angebot von Gottesdienst und Seelsorge bei Bolle an erster Stelle; auf andere Bemühungen wird noch näher einzugehen sein. Daß mit sozialen Maßnahmen die Bindung an die Firma bestärkt wird, weiß heute jeder. Schon beizeiten hat sich Bolle die Vorwürfe anhören müssen, die sich üblicherweise damit verbinden. Wohltätigkeit schafft offene Türen für Einfluß und Macht. Bolle mag das geahnt haben. Einschlägige Erfahrungen gab es noch nicht, weil die Provincial-Meierei mit ihren Maßnahmen zur Pflege eines eigenen Betriebsklimas anderen meistens voraus war – und schon das spricht zunächst für das System Bolle.

Daß es ihm daneben auch um Beeinflussung der Gemüter ging, hätte er nicht geleugnet. Genug von den alten missionarischen

Intentionen hatten sich in ihm erhalten, so daß er bestrebt blieb, sein am Evangelium ausgerichtetes Lebenskonzept weiterzugeben. Daß solche Wertordnung dann auch an patriarchalisch-hierarchischen Prinzipien ausgerichtet sein mußte, gehörte ebenso unablöslich zum Weltbild der Zeit wie die politische Monarchie und ein oft kritiklos geübter Vaterlandskult.

Was einem bei Carl Bolle auffallen muß: Beim allweil gängigen Gebrauch einschlägiger Parolen beließ er es nicht. Er suchte praktizierte Gemeinschaft in seiner Familie wie in seinem Betrieb. Wenn das Miteinander dann nicht immer in der von ihm angestrebten Weise gelang, dürfen wir vermuten, daß andere sich seinen Autoritätsbegriffen nicht anschließen konnten. Wer aber sein Bemühen, die Mitarbeiter nicht nur im Arbeitsalltag Gemeinschaft erleben zu lassen, als reinen Ausdruck kapitalistischer Interessen empfindet – nämlich einfach als eine Bemühung, die Beschäftigten stärker an die Firma zu binden –, tut Bolle im Kontext der Zeit um die Wende zum 20. Jahrhundert sicherlich Unrecht.

Sein Sinn war darauf aus, den Leuten mehr als wirtschaftlichen Unterhalt zu gewähren. Halt und Hilfe für ihr schwieriges Leben, kurzum: Heimat sollten sie bei ihm finden. Er beließ es nicht beim verfehlten ersten Versuch, auch Strafentlassenen wieder auf einen gangbaren Weg zu verhelfen. Das sprach sich bald so nachhaltig herum, daß sich die bei Bolle Beschäftigten generell der öffentlichen Vermutung aussetzten, „was ausgefressen" zu haben.

Bolle-Leute trafen sich abends in der Firma zum Singen und Musizieren. Die Meierei bot auch Musikunterricht an. Später wurden der Gesangsverein „Harmonie" und „Concordia", das Hausorchester, gegründet. Ganz in diesem Sinn kam im dritten Jahr der Meierei der Gedanke auf, mit einem Kreis interessierter und talentierter Mitarbeiter in der Firma Theater zu spielen. Bolle senior und Söhne führten Regie. Man hatte zu einem Festspiel gegriffen, das ganz im Sinne des Firmenchefs lag und obendrein dem deutschen Zeitgeist entsprach.

Dem Autor Hans Herrig war zum 400. Geburtstag von Martin Luther ein Aufführungsrenner gelungen. In bekannten Lutherstädten wie Eisleben, Wittenberg, Worms war es im Jubiläumsjahr 1883 zu sehen gewesen. Andere zogen nach, und der Berliner Verlag von Friedrich Luckhardt konnte Auflage um Auflage drucken. Die zwanzigste kam 1891 – acht Jahre nach dem runden Luther-Geburtstag – heraus.

Herrig, von seiner Ausbildung her promovierter Jurist, hat zahlreiche Dramen zu geschichtlichen und religiösen Themen geschrieben. Keines davon kam seinerzeit so gut an wie dieser „Luther". Dabei war das „kirchliche Festspiel" keineswegs zum Gebrauch im professionellen Theater bestimmt. Herrig hatte in Verbindung mit diesem gereimten Stück den Begriff „Volksbühne" kreiert (der Berliner Verein „Freie Volksbühne", der vor allem Arbeitern kostengünstigen Zugang zum bürgerlichen Bildungstheater verschaffen sollte, wurde erst 1890 gegründet).

Der Festspiel-Verfasser wollte Menschen Gelegenheit bieten, dem Gedankengut der Reformation in Amateuraufführungen näherzukommen. Für die Laienschauspieler waren die einfachen Verse beim Rollenstudium hilfreich. Die Rolle Luthers ließ Herrig zunächst noch – schon wegen ihres Umfangs – an einen Schauspieler denken; auch die Heranziehung eines professionellen Regisseurs hielt er nicht gleich für verkehrt.

Abwesenheit des „Theatralischen" im schlechten Sinne ist die Hauptbedingung, wie es die Hauptbedingung der „Volksbühne" und wohl auch einer Gesundung der deutschen theatralischen Kunst im Allgemeinen ist.

Kein „Luxustheater": Ganz schlicht wollte er die Aufführung haben; nicht nach Kulissen- und Kostümpomp stand ihm der Sinn. Die Begegnung mit Luther sollte sich im Gemüt aller Teilnehmer einstellen – ob sie nun selbst die Bühne betraten oder sich mit vollem Einsatz vom Saal aus dem Gesang von Chorälen anschlossen. Als der in Friedenau (damals noch: bei Berlin) lebende Autor 1888 das Vorwort zur zehnten „Luther"-Auflage schrieb, zeigte er sich mit den Erfahrungen – in denen sich sicherlich auch die Bolle-Aufführung spiegelt – in höchstem Maße zufrieden.

Vor allem zeigt sich jedesmal, wie aufopfernd unsere Mitbürger sind, wenn es etwas Gutes gilt, eine Sache, deren Zweck sie fühlen, weil er ihnen nahe steht. Auch die Volksbühne ist ein Theater der Lebendigen, nur daß „lebendig" nicht gleichbedeutend mit „lebend", sondern als Gegensatz zu „Literatur" gedacht ist.

Das Konzept mußte Carl Bolle gefallen. Erstens bot es Gelegenheit, das Gedankengut, das ihn erfüllte und das für sein Leben zugleich den alles zusammenhaltenden Rahmen abgab, auch den Mitarbeitern nahezubringen. Zweitens bot es die Aussicht eines tieferreichenden Gemeinschaftserlebens für die ganze Belegschaft.

Herrigs Text selbst, um nicht darum herumzureden, ist von allerschlichtester Knittelversart. „Ehrenhold" und „Ratsherr" haben zwischen den Ereignissen um Luther und dem Publikum zu vermitteln, um sich dann auch einmal als Mitwirkende in Szenen hineinzubegeben. Nicht alle dramatischen Einzelheiten des eher balladesken, von Chorälen unterbrochenen Spiels vertragen sich mit dem tatsächlichen Verlauf der Geschichte. Dagegen wird – vor allem im Schlußdialog der beiden Mittelspersonen – in kräftigem Schwung die Brücke zum Zeitgeschehen geschlagen.

Ratsherr:
Nur über eins noch sinn' ich nach,
Was er vom deutschen Kaiser sprach.

Ehrenhold:
Die Kunde soll dein Herz noch laben,
Daß wir einen deutschen Kaiser haben.
Das Reich ward eine feste Burg,
Auch Deutschland sagt: Ich bin hindurch!

Ratsherr:
Und Katholik und Protestant
Beherrscht nun eine starke Hand?

Ehrenhold:
So ist's! Und weil wir löblich hoffen,
Daß allen Deutschen der Himmel offen,
Wollen wir uns nach Kräften vertragen ...

Daß Herr Bolle „aufs väterlichste für seine Leute sorgt", war im Deutschen Tageblatt nach der Premiere zu lesen. Es gab mehrere Aufführungen. Im Hof wurden die Besucher mit bengalischem

Licht und Pechfackeln empfangen; an der Treppe standen Bollejungen in ihren Uniformen Spalier. Der hinter der Bühne untergebrachte Chor erwies sich als großartiger Stimmungsverstärker. Allgemeines Lob bekam vor allem Buchhalter Pohl, der mit Stimme und Gestalt überzeugend für den Reformator einstand. *Aber auch bei den übrigen Rollen blieb wenig zu wünschen übrig, und wer den Bolleschen Wagen an sich vorüber fahren sieht, würde kaum glauben, daß ihre Führer sich so trefflich in Fürsten und Ritter zu verwandeln verständen.*

Ein Erfolg in jeder Hinsicht. Die Firma ließ es nie mehr an Anstrengungen fehlen, ihre Angestellten auch in der Freizeit zu gemeinsamen Erlebnissen zusammenzurufen. Dennoch scheint die „Luther"-Aufführung im Bewußtsein aller Beteiligten ein herausragendes Ereignis geblieben zu sein. Das geht schon daraus hervor, daß sie zwölf Jahre später im schöneren und größeren Festsaal auf dem neuen Gelände der Firma in Moabit abermals gezeigt wurde. Zu den Neuerungen gehörte es dann, daß Autor Hans Herrig selbst bei der Inszenierung mitwirkte und daß – ganz gegen die ursprünglichen Neigungen des Verfassers – viel schönere Kostüme eingesetzt werden sollten: „aus der besten Quelle, dem Königlichen Schauspielhaus" nämlich.

„Nur der Charakter des Stücks" – so der „Fabrik-Bote" Ende November 1894 – habe daran gehindert, „die Anerkennung durch das sonst übliche Beifallsklatschen zum Ausdruck zu bringen". Vielleicht lag es auch einfach am Schlußwort. Wer applaudiert schon nach einem „Amen"? Hochgestimmt oder tiefgerührt schlugen die Herzen. Die Gefühle Bolles selbst wären mit dem Wort „Glück" sicherlich nicht zu beschreiben gewesen. Doch wie wir ihn kennen, erfuhr er Augenblicke wie diesen als Bestätigung dafür, nicht nur mit Aufgaben, sondern auch mit himmlischer Gnade viel reicher bedacht zu sein, als es sich in seinem Leben zur Zeit der Bekehrung abzeichnen konnte. Wie wir ihn kennen, kann es keine Frage sein: Bolle war dankbar, und die Schlußworte des Ratsherrn im Lutherfestspiel waren ihm aus dem Herzen gesprochen.

Ja! wie der Luther vor dir stand
So halt ihn fest, mein Vaterland!

Dann wird sich deine Habe mehren,
Dann nimmst du zu an Ruhm und Ehren!
So schütze Gott Euch all' zugleich,
Geb' jedem, was er nötig hat,
Beschütz' und segne Eure Stadt,
Den Kaiser und das Deutsche Reich.
Amen.

Umzug zum Spreebogen

Milchkönig mit Hinterland

Berlin in den achtziger Jahren des 19. Jahrhunderts: milchkaffee-grau. So hat es Jules Laforgues beschrieben. Fünf Jahre war der junge Mann aus Paris an der Spree, um Augusta, der Kaiserin, als Vorleser zu dienen. Milchkaffeegrau nicht nur das kaiserliche Palais. Als der vorherrschende Ton erscheint diese Farbe dem Fremden aber nur, wenn er sich einigermaßen freundlich ausdrückt. Er kann auch von „Kartoffel- oder Teerfarbe" reden. 1882 tritt er erfreut die Heimreise an.

Erst wenn man diese Häuser gesehen hat, weiß man, was eine Fassade ohne Balkon und vor allem ohne Fensterläden ... und mit den unmittelbar vom Gehsteig nach unten führenden Ladenstiegen Sinistres hat, weiß man eine beliebige Hausfassade in Paris als etwas Hübsches zu schätzen.

Es ist das Jahr, in dem die Stadt erste elektrische Bogenlampen aufrichten läßt. An den Straßen aber ziehen sich immer noch breite, gemauerte Rinnen dahin: offene Kanalisation, die eine mit viel Unrat angereicherte Brühe abfließen läßt. Bei starkem Regen gehen oft reißende Bäche hindurch. Bruno H. Bürgel versichert: „Ein Kind konnte bequem in diesen Rinnsteinen ertrinken." In den Häusern floß das Wasser dagegen immer nur sparsam. Der schon zitierte Hans Ostwald zum Beispiel, der sich um bürgerliche Diskretion nicht viel scherte, hat festgehalten:

Die Kultur der Badestube ... war noch ganz fern. Wasserklosetts wurden in Form von Kommoden und Lehnstühlen als großer Komfort angepriesen ... Selbst in vornehmen Familien wurden sonst nur sonntags die Füße gewaschen, und zweimal im Jahr die Badewanne im Familienzimmer aufgestellt, mit warmem Wasser gefüllt und gemeinsam von der Jugend und hinterher von der gestrengen Mama benutzt.

So sieht es – überwiegend – noch im Berlin der achtziger Jahre aus, in der Hauptstadt also, in der sich die wachsende Bimmel-

Armada von Bolles Milchwagen immer neue Straßen erobert. Neuland findet sich nicht nur, wo jüngst Wiesen und Felder noch grünten. Stadtnahes Neuland liegt gerade auch da, wo die städtische Randbebauung mit Industriegebäuden schon wieder stört – oder für ihre Zwecke mittlerweile zu eng und zu unzweckmäßig ist. Borsig zum Beispiel ist mit seinen Maschinenbaustätten von Alt-Moabit schon weiter nach draußen gezogen. Manche Manufakturen gleich nebenan – für Porzellan etwa – sind an den veralteten Wirtschaftsstrukturen in ihren Gewerben gescheitert und geben ihre Grundstücke zu Abriß und neuen Nutzungen frei.

Auf dem Grundstück Alt-Moabit 99–103, verzeichnet im Grundbuch des Königlichen Amtsgerichts Berlin I von den Umgebungen Berlins im niederbarnimschen Kreise, Band 9, Nr. 575, sind von der Porzellanfabrik Schumann noch Villa und Park des einstigen Besitzers übriggeblieben, als Bolle es im Sommer 1886 von der derzeitigen Eigentümerin, der Imperial Continental Gas Association mit Sitz in London erwirbt. Der Vertrag wird beim Geheimen Kommerzienrat Adelbert Delbrück geschlossen, wohnhaft Mauerstraße 61 und 62. Kaufpreis: eine Million. Der Käufer, der vor einem runden Dutzend von Jahren noch hart an der Pleite entlang geschrammt ist, beurteilt den Abschluß als vorteilhaftes Geschäft. Er nimmt von dem Gelände Besitz, indem er alsbald mit den Seinen zunächst das Landhaus bezieht.

Die riesigen alten Bäume, die er beseitigen läßt, hätten ein Jahrhundert später gewiß unter Naturschutz gestanden. Weil der gewaltigen Wurzelstöcke niemand Herr werden konnte, wurden Pioniere zur Sprengung bestellt. Mit Vorrang mußte es nun um die Errichtung des Werkstätten- und Stallgebäudes gehen. Das Quartier für Pferd und Wagen an der Martin-Luther-Straße war gekündigt. Noch vor dem 1. Oktober des Erwerbsjahrs 1886 mußte der ganze Fuhrpark in Moabit untergebracht werden.

Am Lützowufer waren die Verhältnisse in den gewachsenen Dimensionen ohnehin längst unhaltbar. Schon ab zwei Uhr früh setzte der Dampfmaschinenbetrieb ein umfangreiches Transmissionssystem in Bewegung. Die Mauern des Molkereigebäudes gerieten ins Beben. Und mit der einsamen Vorstadtlage war es mittlerweile vorbei: Das Gedröhn schlug ruhebedürftigen Nachbarn

So sah die Meierei C. Bolle 1896 aus: vorn der Straßenzug Alt-Moabit, hinten die von Anfang an auf dem Grundstück befindliche Villa, in der Bolle zunächst mit seiner Familie gewohnt hat. Die Beladungsrampe – hinter den Wagenreihen rechts – gibt es noch heute.

aufs Ohr. Bolle mußte weichen; es war höchste Zeit. Überdies konnte es auf Dauer nur Vorteile bringen, die Produktionsmittel der Meierei auf einen Ort zu konzentrieren.

Die Ökonomie der Produktionsmittel ist überhaupt von doppeltem Gesichtspunkt zu betrachten. Das eine Mal, soweit sie Waren verwohlfeilert und dadurch den Wert der Arbeitskraft senkt. Das andere Mal, soweit sie das Verhältnis des Mehrwerts zum vorgeschossenen Gesamtkapital, d. h. zur Wertsumme seiner konstanten und variablen Bestandteile, verändert.

Der Autor des epochalen, wenn auch tatsächlich wohl nicht allzu oft gelesenen Werks „Das Kapital" drückte sich so aus. Hätte Bolle den ersten Band von Karl Marx schon gelesen, dann hätte er sich gerade jetzt, 1885, den zweiten Band („Der Zirkulationsprozeß des Kapitals") hinzu kaufen können. Vermutlich kannte er von Marx höchstens den Namen. Er selbst analysierte Geschäftssituationen mit Instinkt, Erfahrung und – wie man heute sagen würde – mit bemerkenswertem logistischen Talent.

Wirtschaftlich stand er wieder auf festen Füßen. Seinen Kreditbegehren hätte sich wohl keine Bank mehr verschlossen. 1885 hatte er die letzten seiner Häuser am Spittelmarkt, mit denen so viel Unglück für ihn verbunden gewesen war, losschlagen können. 1886 wurden von seiner Meierei Tag für Tag siebzig Reviere mit ebensovielen Wagen und jeweils zwei Mann Besatzung angefahren. 4 000 Kühe im weiten Umkreis Berlins standen mittelbar in Bolles Diensten. Bei 30 000 Litern lag der Tagesbedarf. Von solcher Basis kann man die auf Zukunft gerichteten Gedanken getrost weiter ausgreifen lassen.

Wie so oft, wenn in Berlin gebaut wird: Alles sollte ganz schnell gehen. Auch hier kamen die Zulieferer für die Großbaustelle den Bestellungen nicht immer wunschgemäß nach. Mit vielen Unvollkommenheiten ging das neueingerichtete Unternehmen in den anbrechenden Winter. Weil Fenster fehlten, mußte das Personal bei der Arbeit zunächst noch bitter frieren. Ein Malheur ganz anderer Art ergab sich daraus, daß sich eine Katze zu offenen Milchbassins verirrte und in einem davon ertrank – einige tausend Liter Milch gurgelten daraufhin durch den Abfluß davon.

Es war nicht nur eine persönliche Ehrensache für Bolle, strikt auf Hygiene zu achten. Wie die Konkurrenz nicht schlief und sich bei den eigenen Bemühungen um Sauberkeit regelmäßig Milchproben von Bolle zur Untersuchung vornahm, so unterließ auch Bolle nichts, um den anderen gegebenenfalls Schludrigkeit nachweisen zu können. Daß er sich selbst dem Betrugsverdacht ausgesetzt hätte, als seine Meierei bei dem nach Tuberkeln forschenden Institut Robert Kochs einmal abgekochte Milch zur Untersuchung einreiche – was natürlich sofort bemerkt wurde und öffentlich nicht wenig Aufsehen machte –, ist ihm freilich kaum zuzutrauen; vielmehr dürfte ihm bei dieser Gelegenheit Übereifer von Mitarbeitern einen Streich gespielt haben.

Tierärzte unterzogen die Ställe der liefernden Landwirte regelmäßig ihrer Kontrolle. Die Milch wurde in der Meierei sterilisiert. Stets waren die Milchkannen mit Sorgfalt, Soda und heißem Wasser gesäubert. Und die Kutscher zapften die Milch schon frühzeitig aus verplombten Gefäßen – womit nicht nur infektiöser Verunreinigung, sondern auch Panschereien anderer Art vorgebeugt wurde. Seit Bolles erstem Jahr in Moabit hatte sich das Produktangebot – neben Milch auch Butter, Quark und Käse – um Kefir vermehrt.

Bolle verstand es, nicht nur am Ort, sondern auch international von sich reden zu machen. Im Gedenkbuch wird gute Nachrede aus dem Ausland allemal gern zitiert. So die Äußerungen etwa, mit denen ein ungarischer Ministerialdirektor sein Staunen kundgab. Er berief sich auf umfassende Kenntnis der europäischen Milchhandelspraxis, als er Bolle das Zeugnis ausstellte, nicht nur „die größte und imposanteste Centralstelle für den Milchhandel" zu unterhalten. Hinsichtlich der ausgeübten Organisation und Kontrolle sei sie „gewiß die hervorragendste derartige Unternehmung der Welt".

Gottes Gebote

Sonntagsheiligung und Meierei-Kapelle

Das Prinzip Pünktlichkeit gehört zu den altväterlichen Tugenden, auf die Bolle unbedingt Wert legen muß. Kunden bleiben treu, wo auf den Lieferanten Verlaß ist. Und das erst recht, wenn es um Milch geht. Noch verfügen die einzelnen Haushaltungen über keine Kühlmöglichkeiten – und die Milch von vorgestern ist, in Sommerzeiten und als Babynahrung zumal, kaum noch zu gebrauchen. Aber Bolles Lieferung auch an den Sonntagen bringt Ärger, der jahrelang nicht aufhören wird. Im Archiv des Berliner Verkehrsmuseums werden zahlreiche Beispiele aus der Korrespondenz der Meierei Bolle verwahrt, die sich im Zusammenhang mit den Sonntagsfahrten der Milchkutscher ergab.

Schroffe Zuschriften von Hausbesitzern, Polizeidienststellen und Amtsvorstehern aus Vororten sind da zu finden, ebenso die streitbaren Entgegnungen des Unternehmens – in denen Bolle immer bemüht bleibt, sein Wirken mit Wohltätigkeit, insbesondere mit der Volksgesundheit, in Verbindung zu bringen. Wiederholt werden beiderseits juristische Gutachter bemüht. Es kommt zu Anordnungen, die Kutscher und die Laufburschen zur üblichen Gottesdienstzeit pausieren zu lassen – und Bolle wird sich rechtfertigen müssen, wenn er sich nicht daran hält.

Für ein größeres Geschäft wie das meinige, das von Moabit aus Berlin und die Vororte bis nach Nikolassee-Wannsee hin mit Milch versorgt, war es ein Ding der Unmöglichkeit, die Milchwagen um 9 bzw. 10 Uhr vom Verkauf zurückzuziehen und die Wagen 12 Uhr wiederum den Verkauf beginnen zu lassen.

Begründung: Die Verdoppelung der Touren hielte kein Pferd aus. Sollten die Kutscher aber vor Ort so lange pausieren, würden sie mit Sicherheit Gasthäuser aufsuchen, und „die jugendlichen Mitfahrer gerieten dadurch frühzeitig dem Alkohol in die Arme". Wenn Düwelsdorffs „Gedenkbuch" im Rückblick die Lage schil-

dert, wird man eine gewisse Dramatisierung nicht ganz ausschließen dürfen.

*Die Pferde kamen in fremde Ställe, während sich die Kutscher und
Burschen in Schanklokalen die Zeit vertrieben. Abgesehen von dem
demoralisierenden Einfluß, den dieses Kneipenleben in den Sonntags-
vormittagsstunden bei den Leuten ausübte, wurde aus den fremden
Pferdeställen in die der Meierei eine gefährliche Pferdekrankheit, die
sogenannte Influenza, eingeschleppt, an der viele Pferde erkrankten und
mehrere zugrunde gingen.*

Wozu man wissen muß, daß der Begriff „Influenza" zu damaliger
Zeit noch bei durchaus verschiedenen Pferdekrankheiten zur
Anwendung kommt. Bolles Brief an die Behörde weist schließlich
auf den pekuniären Verlust hin, der sich bei der verordneten Pause
einstellt: Um bis zu 10 000 Liter ginge der Tagesverkauf zwangsläufig zurück. Wie aber soll man solche Einbuße verkraften?

*So legt nun ab alle Bosheit und allen Betrug und Heuchelei und Neid
und alle üble Nachrede / und seid begierig nach der vernünftigen laute-
ren Milch wie die neugeborenen Kindlein, damit ihr durch sie zunehmt
zu eurem Heil, / da ihr ja geschmeckt habt, daß der Herr freundlich ist.
(1. Petrus, 2, 1-3)*

Die lautere Milch des Glaubens bleibt unverderblich. Bolles
Milch nicht. Unvorstellbar, daß er den Konflikt nicht voller Skrupel
bedacht hätte. Der Schluß, zu dem er kam, konnte offensichtlich das
bekannte Jesuswort auch für seinen Fall anwendbar machen: Der
Sabbat ist um des Menschen willen gemacht und nicht der Mensch
um des Sabbats willen. Blieb die Frage: Wie war der Milchverkauf zu
bewerkstelligen und dem Feiertagsgebot trotzdem Genüge zu tun?

Bolle hatte nicht nur – wie schon am Lützowufer und in Marienhain später auch – für seine Sonnabendnachmittags-Gottesdienste
eine Meiereikapelle einrichten lassen und einen von der Kirchenbehörde dazu beurlaubten Hauspfarrer – lange Zeit seinen Schwiegersohn Kanzow – unter Vertrag. Die in Moabit auf der anderen
Straßenseite gelegene St.-Johannis-Kirche zur Mitbenutzung für
Bolles Zwecke auch nur in Erwägung zu ziehen verbot sich von
selbst. Mit ihren 400 Sitzplätzen war sie für die örtliche Gemeinde
schon lange zu klein. Kein Geringerer als Schinkel hatte sie in den
dreißiger Jahren am „Karnickelberg" in schlichtester Form für die

Moabiter erbaut. Für einen Turm hatte das Geld seinerzeit nicht gereicht. Umgekehrt wird nun Bolle die Bewohner von Moabit zum Gottesdienst unter sein Dach laden können, wenn ihr Gotteshaus bald umgebaut und den realen Verhältnissen angepaßt werden soll. Allerdings scheint der Meiereibesitzer bei der Raumkalkulation für sein Bethaus auch eher kleingläubig gewesen zu sein. Anläßlich der Einweihung war jedenfalls festzustellen:

Den Raumverhältnissen der Kapelle entsprechend, welche 650 Sitzplätze faßt, konnten neben dem vollzählig erschienenen Personal nur wenige Einladungen erfolgen. Eine größere, namentlich für die Freunde der Meierei und das interessierende Publikum bestimmte Einweihungsfeier fand deshalb nach Fertigstellung des großen Festsaals am 10. Mai 1887 statt.

Ein Festakt, der sich mit Vertretern aus Adel und Generalität schmücken durfte. Geistlichkeit und Justiz waren ebenso repräsentativ wie zahlreich vertreten. Auf der Gästeliste fanden sich – erstmals offiziell in Bolles Haus – der Hofprediger Stoecker sowie „sehr viele Damen der Aristokratie". Einen Abglanz vom Staunen über seine Meierei konnte Bolle hinterher im Berliner Fremdenblatt wiederfinden.

Sie erregte durch die Großartigkeit ihrer Anlage, durch die ingeniöse und praktische Einrichtung und durch die subtile Sauberkeit, die in allen Teilen herrscht, das lebhafteste Interesse. Der Umfang des Bolleschen Meiereibetriebs ist ein ganz gewaltiger.

In der Kapelle predigte Stadtmissionsinspektor Burckhardt über den dritten Teil des aaronitischen Segens: „Der Herr hebe sein Angesicht auf dich und gebe dir seinen Frieden." Der Chronist des Gedenkbuchs gibt zu verstehen, daß der Prediger mit frommen Wünschen einem manchmal doch spürbaren neuen Zeitgeist zu begegnen versuchte.

Er ließ seine Predigt in dem Wunsch gipfeln, daß das neue Haus stets eine Stätte des Segens und Friedens sein und daß beides von der in dem Haus dem Gottesdienst geweihten Stätte ausgehen möge. Friedevolle Menschen, die fein und einträchtig beieinander wohnen, seien auch zufriedene Menschen. Die Mächte der Unzufriedenheit würden daher hier keinen Raum finden. Mögen hier Treue und Güte einander begegnen, Gerechtigkeit und Friede sich küssen.

Der alte Büchsel breitete für das neue Werk und für seinen „lieben alten Freund Bolle" die Arme zum Segen. Für das Festspiel zum Ausklang durften die Gäste sich mit belegten Brötchen sowie mit Bier oder Buttermilch stärken. Sänger- und Bläserchor, Kutscher und „Klingelburschen", Buchhalter und Töchter des Hauses fanden sich zum Ensemble und gaben als „Die christlichen Helden" in Szenen über die Christenverfolgung durch Kaiser Maxentius mit den ihnen zu Gebote stehenden Mitteln ein Zeugnis für Glaubenstreue und Bekennermut ab – Szenen, deren Gestaltung sich heutige Vorstellungskraft wohl besser nicht nachinszeniert.

Zwei Jahre darauf, 1887, kam Bolle nicht umhin, abermals eine größere Kapelle bauen zu lassen. Viele Arbeiter waren neu eingestellt worden. Jedoch: Auch Abwanderung gab es immerzu – schon möglich, daß nicht nur die Aussicht auf bessere Vergütungen, sondern auch die Abneigung gegen das fromme Ambiente dabei zu den Beweggründen gehörten. Zorn auf die weithin ausgehöhlte Kirchenroutine in der Gesellschaft war ohnehin kein Tabu mehr, und die sozialdemokratische Presse war mit polemischer Argumentation beileibe nicht sparsam.

Einmal gingen die Vorwürfe gegen Bolle so weit, daß sein Kirchenengagement als Camouflage reinster Ausbeutung dargestellt wurde. „Was sich kein organisierter Arbeiter gefallen lassen würde" – das müßten Bolles Kutscher erdulden: Arbeitszeiten von bis zu 11½ Stunden, dazu Verhängung von Geldstrafen bei Verstößen gegen 132 Arbeitsanordnungen.

Es ist gar nichts Seltenes, daß Wochenlöhne von 18 bis 21 Mark durch Abzug von Strafgeldern auf 12 bis 15 Mark herabsinken. Zur Befriedigung des Lebensunterhalts bleibt demnach dem im Bolleschen Betriebe Beschäftigten nur wenig übrig.

Bei dieser Information über einen äußerst befremdlichen Sachverhalt bleibt allerdings offen, wie groß die Spannweite zwischen „nicht selten" und der Ganzheit der „im Bolleschen Betriebe Beschäftigten" angesetzt werden muß. Die polemische Absicht des Textes ist nicht zu übersehen – auch wenn er mit noch befremdlicheren Informationen fortfährt.

Dafür werden sie aber auch entschädigt durch eine wahrhaft väterliche Fürsorge für ihr Seelenheil. Jeden Sonnabendnachmittag muß jeder, der im Dienste Klingel-Bolles frondet, dem Gottesdienst in der Bolleschen Hauskapelle beiwohnen. Wer sich trotz der aufgestellten Posten der frommen Andacht zu entziehen wagt, hat eine Mark Strafe zu zahlen.

Da stehen einem schon die Haare zu Berge. Für Bolle und seinesgleichen aber entsprach das ebenso den zeitgerechten Begriffen von Ordnung und Heiligung wie die militärische Form von Lob und Anerkennung, die er vergab: Kutscher konnten sich Sterne, Bollejungen Litzen für ihre Meiereiuniformen verdienen.

Statistiken zur Stimmungslage in der Meierei und ihrem Umfeld sind nicht herzustellen. Es steht aber fest, daß Bolle viele Mitarbeiter langfristig – wenn nicht sogar für das ganze Berufsleben – an seine Wert- und Glaubensbegriffe zu binden verstand. Mochte bei den Abhängigen oft Opportunismus einfließen – der intensive Gebrauch von Freizeitangeboten auch anderer Art steht wiederum eindeutig für eine Art Heimatgefühl, die viele Lohnempfänger bei Bolle empfanden: Familienbewußtsein in größtmöglichem Rahmen.

In der deutschen Öffentlichkeit waren die sozialen Spannungen während der achtziger Jahre größer geworden. Superintendent Alfred Gielen, der 1889 in der bis zu 1200 Personen fassenden dritten Kapelle Bolles die Weiheansprache hielt, beschönigte nichts.

Die soziale Frage steht wie eine drohende Wetterwolke am Horizonte unserer Zeit. Niemand kann sagen, ob das gewaltsame Gewitter zum gewaltsamen Ausbruch kommt oder sich verteilen und verziehen wird. Aber jedes Haus wie dieses trägt gleichsam einen Blitzableiter auf dem Dache, der etwas aufsaugt von dem elektrischen Stoff unserer schwülen Zeitatmosphäre.

Aus der Perspektive der Bibel konnte Gielen den Beitrag Bolles zur Entspannung nur preisen.

Wenn der Milchkutscher draußen die Ungleichheit der Stände kennen gelernt, wenn er die Mühe und Last seines Lebens empfunden hat – hier ruht und schweigt der Stand, hier ist nicht Mann noch Weib, nicht arm nicht reich, nicht Jude noch Grieche, sondern allzumal einer in Jesus. Wenn draußen der Neid ihn anstechen sollte wie ein böser Wurm, daß er so arm ist und ein anderer so reich, daß er nur das Gehorchen hat und ein anderer das Befehlen: Hier gleicht es sich wieder aus. Hier, vor dem Angesichte Gottes, sind wir alle gleich bedürftige Bettler. Der dort im Giebelfelde ruft: Kommt her zu mir, die ihr mühselig und beladen seid – der ruft uns alle.

Mit einer Weiheformel endete Gielens Rede. Darauf erst folgte im Einweihungsgottesdienst die Predigt von Stadtmissionsinspektor Pastor Philipps über Lukas 14,22: „Es ist noch Raum da." Philipps klagte über den Notstand der Kirche in der Hauptstadt, der es an Raum überall fehle.

Ist dies das Land der Reformation, in dem solches möglich ist? Ist dies die Hauptstadt des evangelischen deutschen Reiches, das Gott der Herr so hoch erhoben hat unter den Völkern der Erde? ... Die Kirchennot Berlins wächst. Riesengroß.

Klage über die „Entchristlichung": Auch dieser Ton lag in Berlin längst in der Luft. Im Jahr zuvor erst hatte ein „Hülfsverein" seine Tätigkeit aufgenommen, der sich die Errichtung neuer Kirchengebäude zum Ziel gesetzt hatte. Kaiserin Auguste Viktoria (berlinisch: „die Kirchenjuste") war seine Patronin. Und ihr Gemahl hatte – noch als Kronprinz – das Programm angesichts der häufiger werdenden Umsturz-Ideen unverblümt als Schutz für Thron, Altar und Vaterland interpretiert. Vor diesem Hintergrund konnten die Bemühungen des Privatmannes Bolle bei den einschlägig engagierten Kreisen nur im allervorteilhaftesten Lichte erscheinen, denn hier wollte niemand bemerken, daß die Sprache der Kirche die Arbeiterschaft nicht mehr erreichte.

Als Stimmen aus der Sozialdemokratie die Religion zur Privatsache erklärten, konnte einer wie Bolle nur widersprechen: Sie sei es nicht. Und er konnte sich nur bestätigt finden, als er bei seinen politischen Gegnern zunehmende Zeugnisse atheistischer Propaganda und Verächtlichmachung christlicher Lebenshaltung wahrnahm. 1907 zählte der „Fabrik-Bote" in zwei Folgen Beispiele antireligiöser Polemik aus der Sozialdemokratie auf, um den Spieß umzukehren.

Daß Religion Privatsache sei in der sozialdemokratischen Partei, ist eine der dreistesten Lügen, die von ihr immer wieder mit eherner Stirn vertreten wird.

Unaufrichtigkeit hätten die Sozialdemokraten ihrerseits den Meinungsführern des Adels und der Bourgeoisie vorwerfen können, die sich in tief, viel zu tief ausgefahrenen Traditionsspuren bewegten und prinzipiell neuen Wegen mißtrauten. Allzu wenige blickten über die Begrenzungen der eigenen Wirkungsmöglichkeiten hinaus. Bolle war eher ein Sonderfall. Im praktischen Leben kannte er vor neuen Perspektiven keinerlei Scheu. Nur für so etwas wie eine Diskussion über die Grundwerte wäre er unter keinen Umständen zu haben gewesen.

Schau nicht zu viel nach links und rechts,
Horch nicht auf Tadeln, Loben;
Wir sind ja irrenden Geschlechts,
Hör unbeirrt nach oben.

Das war eine der – durchaus bieder anmutenden – Botschaften, die sein „Fabrik-Bote" in die Wohnungsenge der Arbeiter und Angestellten brachte. So schlicht war indessen auch seine eigene Vorstellung von der rechten Lebenshaltung geblieben.

Die Konkurrenz ruht nicht

Beschaffungsstrategien und „Milchkrieg"

Die tägliche Milchzustellung – verbunden mit hohem Anspruch an die Hygiene – war ein geradezu genialer Einfall von Carl Bolle gewesen. Dennoch durfte er sich nicht zurücklehnen und einfach zusehen, wie die Gewinne hereinflossen. Er brach ja in einen Markt ein, den andere schon untereinander aufgeteilt hatten. Wer sich dort behaupten wollte, mußte sich schnell auf neue Verkaufsformen umstellen können. Und so machten sich bald auch aus anderen Häusern Milchwagen auf, die womöglich den Namen „Provincial-Meierei" mit einem anderen Unternehmernamen verbanden oder gar mit dem ganz klein geschriebenen Zusatz „nicht Bolle" versahen. Solche Machenschaften veranlaßten den Aufrührer des Milchmarkts, sein Geschäft von 1884 an schlicht als „Meierei C. Bolle" in der Öffentlichkeit auftreten zu lassen.

Den Milchtrinkern, vor allem den Kindern, kam die Härte des Konkurrenzkampfs zugute: Mit äußerst kritischer Sorgfalt kontrollierten die Teilnehmer am Wettbewerb sich gegenseitig. Das tat bei der Qualität seine Wirkung. Aber auch bei den Preisen. Und dies wiederum bekamen die Produzenten zu spüren: Hatten sie 1875 noch 15 Pfennige für einen Liter erlöst, so sank die entsprechende Einnahme bis 1901 auf 9 Pfennige ab. 18 Pfennige kassierte Bolle ab Wagen; 20 Pfennige frei Haus.

Unter Sammlung aller Kräfte unternahmen die Erzeuger einen Versuch, den Berliner Markt selbst in die Hand zu bekommen. Eine „Centrale für Milchverwertung" wurde gegründet. Unter 13,5 Pfennigen war der Liter Milch nun auch für den Handel nicht mehr zu haben. Der „Berliner Milchkrieg" brach aus, in dem sich Konkurrenten schließlich sogar mit Gewalt an die Milchkannen gingen.

Den Sieg trug Bolle davon – nicht, weil sich seine Leute etwa in vorkommende Handgreiflichkeiten eingemischt hätten, sondern weil die „Centrale" es mit ihm in der kaufmännischen Tüchtigkeit nicht dauerhaft aufnehmen konnte. Sie machte Verluste. Schließlich kaufte Bolle das ganze Unternehmen weit unter Preis und setzte zunächst seinen Sohn Johannes als Chef ein, um es dann alsbald aufzulösen und die Kunden nach Möglichkeit zu übernehmen.

Bolle hatte um diese Zeit schon unterschiedliche Erfahrungen mit dem Einkauf in weiter entfernten Regionen gemacht. Aufwendige Filialmeiereien in Schwiebus und in Meyenburg hatte er wieder aufgeben müssen, weil die Koordination der Termine mit den Lieferanten einfach nicht gelang – viel zu oft traf die Milch dort zu spät ein, um rechtzeitig nach Berlin transportiert werden zu können. Das Gebäude in Schwiebus machte er der Stadt zum Geschenk, die ein Krankenhaus darin einrichten sollte.

Dank fortgeschrittener Technik gelang es im „Milchkrieg", auch größere Entfernungen zu überbrücken. Die Eisenbahn brachte Milch aus Böhmen, später auch aus Dänemark nach Berlin. Vom eigenen Kuhstall am Landwehrkanal hatte er sich schon seit 1881, dem Jahr des Aufbruchs seiner „Provincial-Meierei", wieder getrennt, um sich ganz auf Verarbeitung und Vertrieb zu konzentrieren. Ab 1884 bot er neben der normalen Frischmilch eine besondere Kindermilch an, die auch Kleinkinder ungekocht trinken konnten.

In plombierten Flaschen kam sie zum Verkauf: Vorzugsmilch zu höherem Preis, aus streng kontrollierter Kuhhaltung gewonnen. Die Tiere waren nach ärztlicher Vorschrift gefüttert. Nur Heu und Getreidekörner wurden verwendet; Brennerei- und Brauereiabfälle kamen nicht in die Krippe – und auch von Grünfutter hielten die Ärzte nichts, weil der Vitamingehalt sie damals noch nicht interessierte.

Auch für den Gesang der Berliner Waschfrauen und Straßenjungen wurde Bimmel-Bolle ein dankbares Sujet. Wiedergabe beider Versionen nach Lukas Richter, „Der Berliner Gassenhauer". – Nr. 1 hält sich an den Kehrreim des Liedes „Lieschen geht ins Haus hinein, holt sich einen Topf"; als „mutmassliche Vorlage" wird Nr. 2 bezeichnet, eine Rheinländer-Fassung (W. Boehme op. 254).

Klin-gel-bol-le klingelt, wenn der Mor-gen graut,

Klin-gel-bol-le klin-gelt, wenn er mich er-schaut,

Klin-gel-bol-le klin-gelt nicht zum Zeit-ver-treib,

Klin-gel-bol-le hat nicht Zeit.

Gust-chen geht zum Tanze heut! mit dem Gre-na-dier,

Gustchen tanzt zum Zeit-ver-treib bis die Uhr halb vier.

Refr. Bim-mel-bol-le bim-melt, wenn der Mor-gen graut,

Bim-mel-bol-le bim-melt bis er mich er-schaut,

Bim-mel-bol-le bim-melt nicht aus Zeit-ver-treib,

Bim-mel-bolle hat nicht Zeit.   Bimmel-bolle hat nicht Zeit.

Die rohe Milch ist leichter verdaulich, und ihre Eiweißstoffe sowie das in ihr enthaltene Fett werden weit besser ausgenutzt. Es findet auch eine günstigere Beeinflussung der Knochenbildung statt, und das so wichtige nervenbildende Lezithin ist in roher Milch reichlicher vorhanden als in gekochter.

Solche Hinweise (hier aus einem späteren Prospekt der Firma Bolle zitiert) verfehlten nicht ihre Wirkung. Der Absatz der plombierten Flaschen scheint mehr als zufriedenstellend gewesen zu sein – was Bolles Lieferanten natürlich ihrerseits ermutigte, kräftig an der Preisschraube zu drehen. Und da kam der alte Kalkulationskünstler doch wieder auf eigene Kuhhaltung zurück. Dazu wurde 1898 das 14 Morgen große und südlich an Marienhain angrenzende Grundstück (heute: Wendenschloßstraße 292) gekauft. Bolle ließ zunächst vier, wenige Jahre später weitere sechs Kuhställe bauen. Je ein Schweinestall, Kälberstall, Hühnerstall kamen hinzu. Anlehnung an die Märkische Backsteinarchitektur gab der ganzen Anlage ihren Charakter.

Weil immer wieder zwei- und vierbeinige ungebetene Gäste auf das Gelände vordrangen, ließ Bolle es mit einer „chinesischen Mauer" (wie manche spotten) umgeben. Seine Befürchtungen galten vor allem Keimträgern, die Krankheiten in seine mit Fliesen ausstaffierten und mit klinischer Akribie gepflegten Ställe einschleppen könnten. Ein längeres Stück dieser Mauer steht noch und macht in der Tat mit seiner Zweieinhalb-Meter-Höhe einen merkwürdigen Eindruck.

Längst sind mittlerweile andere Benutzer hier eingezogen. Aus den Ställen sind Gewerbe- und Wohnhäuser geworden. Überraschend wirkt auf Besucher vor allem die Kühnheit eines Architekten, der – vermutlich in den dreißiger Jahren – zwei der altväterlich wirkenden Ställe zusammengeschlossen und dann zu einem größeren Wohnhaus aufgestockt hat: Das Wort „expressionistisch" ist jedenfalls nicht zu weit hergeholt, um die von ihm angewendete Formsprache zu charakterisieren.

Eine Verladerampe in Nähe der Wendenschloßstraße verschwand erst nach der deutschen Wende von 1989/90, ist in der Nachbarschaft zu erfahren. Wünschenswert bleibt, daß die Köpenicker eifersüchtig die verbliebenen Gebäude bewachen – und wenn alles mit denkmalpflegerischer Sorgfalt eines Tages restauriert sein sollte, könnten sie ja der „Straße 244", die heute die kleineren Grundstücke miteinander verbindet, den Namen Carl Bolles verleihen. Einer der bekanntesten Schriftsteller des 20. Jahrhunderts hat übrigens eine ungleich größere Straße für diese Namengebung empfohlen. Für eine Werbeschrift aus Anlaß eines Jubiläums der Firma Bolle hatte er neben anderen Texten ein „Milchmärchen" verfaßt, das mit Carl Bolles Himmelfahrt endet – und mit der Bemerkung, die dortige Milchstraße müsse eigentlich in Bollestraße umbenannt werden. An Autorenruhm und den Nobelpreis war für den damals studierenden, aber schon vielseitigen Künstler noch nicht einmal in Märchen-Träumereien zu denken. Aber er gab schon zu verstehen, daß er nicht mit vollem Namen für diese kleine Brotarbeit einstehen wollte – und ließ einen Buchstaben weg. Als Textautor der Werbeschrift zeichnet „Günter Gras" im Impressum.

Bleiben wir in der greifbaren Welt: Was Bolle in Köpenick produzierte, wurde zu Schiff nach Moabit gebracht – Milch und Honig, Spargel und Obst, Säfte und Konfitüren. Und von dort aus ging's weiter per Bimmelwagen in die Häuser Berlins.

Im Schatten des Patriarchen

Familiengeschichten

Die „Töchter des Hauses", von denen wir im Zusammenhang mit der erneuten Theateraufführung einmal etwas erfuhren, wurden sonst öffentlicher Erwähnung kaum für würdig befunden. Solange sie noch im Hause waren, konnte der Vater ihnen eigenständige und verantwortungsvolle Aufgaben in seinem vielseitigen Geschäft übertragen. Dafür, daß er sich um besondere Qualifikationen für sie bemüht hätte, wollen die angestellten Recherchen nicht sprechen.

Hielt er sich selbst nicht an die Ermahnungen, die sein „Fabrik-Bote" aussprach? Wenn man über den Werdegang von Elisabeth, Lydia und Martha Vermutungen anstellt, so scheint man in der Familie Bolle von überkommener Mädchenerziehung kaum abgewichen zu sein. Den Söhnen dagegen stand der Weg offen, sich auch die schönen Güter bürgerlicher Bildung zugänglich zu machen. Andreas läßt sich mit Orgelspiel hören, Johannes versteht sich darauf, Gedichte zu machen. Voll und ganz stehen beide zunächst im Dienst von Vaters Firma. Seit 1884 verfügen sie über Gesellschafterrechte. Carl junior hingegen wird Mediziner. Dem Dienst an der Familie vorbehalten bleiben die Mädchen – was nicht daran hindert, sie auch im Milchgeschäft Tatkraft zeigen zu lassen.

Zwei Töchter bringen für ihren Vater nützliche Schwiegersöhne ins Haus: Sie heiraten Pfarrer. Der eine, Pfarrer Philipp, wird von seinem Schwiegervater gleich regelmäßig für den Kapellendienst in Anspruch genommen. Der andere, Pfarrer Kanzow, nimmt seine Martha zunächst in die Uckermark mit, wo er in Schönwerder bei Prenzlau seine erste Pfarrstelle versieht, „deren Jahreseinkommen außer freier Wohnung auf 3 680 M. veranschlagt wird, wovon jedoch bis zum 1. Oktober 1892 eine Pfründenabgabe von jährlich 1 169 M. an den landeskirchlichen Pensionsfonds abzugeben ist".

Letzteres steht in den „Amtlichen Mittheilungen des Königlichen Konsistoriums der Provinz Brandenburg" vom 28. Februar 1890 zu lesen. Aus gegebenem Anlaß: Kanzow hat eine längere Beurlaubung beantragt, weil er bei Bolle ein bis dahin völlig unbekanntes Amt, nämlich das eines Betriebsseelsorgers, antreten soll. Und das Konsistorium hat zur Bewilligung einen Zusatz in beiderseitigem Interesse erfunden.

Um auch weiterhin kirchliche Dienstjahre zählen zu können, wird Kanzow auf eine neu eingerichtete, aber unbezahlte Hilfspredigerstelle an St. Johannis versetzt – „mit der Maßgabe", so in einem späteren Vermerk die Konsistorial-Personalakte Kanzow, „daß ihm die geistliche Versorgung der Familie des Meiereibesitzers Bolle und der Angestellten seiner Meierei, sowie auch der Familien dieser Angestellten, insoweit solche Personen zur Parochie der St.-Johannis-Kirche gehörten, als ausschließliche Amtspflicht im Bereiche der Sakramentsverwaltung, Predigt und Seelsorge auferlegt wurde".

Zusätzlich übernimmt Kanzow ab 1891 die Schriftleitung der Wochenzeitung „Fabrik-Bote der Meierei C. Bolle", von der er sich auch 1899, als das Konsistorium für ihn eine fünfte ordentliche Pfarrstelle an St. Johannis einrichtet, nicht dauerhaft trennt. Später wird er sich laut Gemeindechronik zuzüglich für die „Pflege der Jungfrauenvereine", für die Flußschifferseelsorge und – in Schwiegervaters Fußstapfen – für entlassene Strafgefangene einsetzen.

Gegenüber Bolle gibt die Kirchenbürokratie allerdings zu verstehen, daß sie seinem privatkirchlichen Eifer nicht ganz vorbehaltlos zusieht: Er selbst hat sich unter den freien Amtskandidaten einen Nachfolger für Kanzow gesucht, dem leider nur noch die kirchliche Ordination fehlt. Bolle bittet für den dreißigjährigen Paul Arnold bei der Kirchenbehörde. Die aber lehnt „im Hinblick sowohl auf die rein private Stellung als auch auf die geringe Anciennität des Kandidaten" (und wohl noch in Unkenntnis von Bolles Hartnäckigkeit gegenüber Behörden) erst einmal ab. Aber da können wir ganz getrost sein: Arnold wird in Moabit Fuß fassen können.

Über Tochter Martha und Schwiegersohn Bernhard Kanzow wollen wir schon an dieser Stelle spätere Nachricht einfügen: Das Selbstbewußtsein wirtschaftlichen Rückhalts, das ihnen nach Vater Bolles Tod die Erbschaft verlieh (sie waren in der Familien-AG Aktionäre geworden, wurden dort allerdings „in notariellen Dingen" durch ein anderes Mitglied der Familie vertreten), ließ sie allzu leichtfertig Kirchentrotz üben. Als Kanzows Wunsch nach der 1. Pfarrstelle in Moabit unerfüllt blieb, gab er seinen Amtsauftrag verärgert zurück. *Ich lege bedingungslos mein jetziges Pfarramt an der St. Johannis Kirchengemeinde hierselbst mit dem Ablauf des 31. März 1913 nieder unter Verzicht auf alles Diensteinkommen sowie auf Ruhegehalt und Hinterbliebenenversorgung, jedoch unter Vorbehalt der Rechte des geistlichen Standes.*

Mit anderen Worten: Auf seine mit der Ordination erworbene Vollmacht zum Predigen, Taufen und Trauen wollte er nicht Verzicht leisten. Kein Zweifel: Kanzows zorniger Schritt wäre nicht im Sinn seines Schwiegervaters und Wohltäters gewesen; eigentlich ist es zu bedauern, daß der alte Bolle nicht in der Lage war, mit einem Donnerwetter aus seiner Gruft aufzuerstehen und den gekränkten Ehrgeizigen zur Ordnung zu rufen. Gut ein Jahrzehnt später hatte die Reue Kanzow ereilt. Auf dringliches Bitten wurde ihm da vom Oberkirchenrat immerhin eine kleine Ruhestandsbeihilfe gezahlt.

So dankbar ich für diese Beihilfe bin, so reicht sie in den letzten Monaten nach Abzug der Steuer ... auch im entferntesten nicht aus, den Lebensunterhalt für mich und meine seit länger als zwei Jahren dauernd kranke Frau auch bei bescheidensten Ansprüchen zu bestreiten. Mein in der Nachkriegszeit schon stark dezimiertes Vermögen ist durch die vorjährige katastrophale Inflation fast völlig entwertet. Das einzige, was ich aus den Trümmern der Inflation noch gerettet habe, ist ein kleines Wohngrundstück hier auf dem Lande ...

Fahrige Sütterlin-Schriftzüge eines Mannes, dem ein amtsärztliches Zeugnis Schwäche der körperlichen und geistigen Kräfte bescheinigt. Der zitierte flehentliche Brief ist aus Milow, Kreis Jerichow, an den Konsistorialpräsidenten gerichtet. Manchmal geht von einem alten Papier geradezu ein elektrischer Schlag aus: Wo sind sie hingeraten, die Kanzows – die kranke Martha mit ihrem ebenfalls hinfällig gewordenen Bernhard? Es kann sich auf dem beschriebenen „Wohngrundstück auf dem Lande" doch nur um Carl Bolles bescheidenes Vaterhaus handeln – an der Milower Dorfstraße, wenige Schritte von der späteren Ferienvilla seiner Glanzzeit entfernt.

Die Zwillinge Andreas und Johannes werden wir in den hier noch bevorstehenden Schilderungen oft schillernd als Gesellschafter des

Patriarchen erleben. Der wohl eher stille Andreas scheint sich den Firmengeschäften mit größerer Hingabe zu widmen, während Johannes öfter wie der persönliche Referent oder Protokollchef seines Vaters auftritt – „scheint" muß es hier heißen, weil sich die Verhältnisse und Vorgänge höchstens andeutungsweise aus dem Wochenblatt der Meierei herauslesen lassen. 1902 haben sich die Zwillinge dann aus dem Schatten des Vaters gelöst.

Um die Jahrhundertwende kam es innerhalb der Bolle-Familie zu starken Differenzen, die zur Folge hatten, daß die beiden Söhne Andreas und Johannes aus dem Unternehmen ausscheiden mußten und von ihrem Vater finanziell abgefunden wurden.

Soviel verrät ein anonymes Typoskript im Archiv des Berliner Bestattungsinstituts Julius Grieneisen, das die Gebrüder Bolle damals von dem ihnen ausgezahlten Gelde erwarben; über die Summe der Abfindung gibt es keine Angaben. Bei der Firma handelte es sich seinerzeit um eine kleine Sargtischlerei, die über zwei Geschäftsadressen, ein Pferd und einen Leichenwagen verfügte. Daß sie – seit vielen Jahrzehnten das meistgenannte einschlägige Unternehmen in Berlin – ihren Bekanntheitsgrad Bimmel-Bolles Söhnen verdankt, weiß heute fast keiner mehr.

Richten wir an dieser Stelle, die der Zerbrechlichkeit der Familie gedenkt, den Blick auch hinsichtlich des dritten Bolle-Sohns um etliche Jahre voraus: Die Verstimmungen im Hause Bolle hatten für ihn, der nach seinem Vater auf den Namen Carl getauft worden war, ebenfalls einschneidende Folgen. Der mittlerweile dreißigjährige Frauenarzt mußte – weil der Patriarch es so wollte – seine Praxis aufgeben und in die Leitung des Unternehmens eintreten. Porträts zeigen ein Gesicht, das, ganz anders als die väterliche Asketen-Physiognomie, zu einer gewissen Rundlichkeit neigt. Aus seiner Geschäftskorrespondenz läßt sich gelegentlich Sinn für Ironie und Heiterkeit lesen. Er scheint eine andere Natur als sein Vater gewesen zu sein. Vielleicht, weil es ihm beschieden war, in den prägenden Bildungsjahren zu diesem Vater etwas Abstand halten zu können? Wir wollen nicht spekulieren – die Frage freilich stellt sich wie von selbst.

Fabrik-Boten-Berichte

Gegen Manchestertum, Sozialdemokraten und Frankreich

„Also hat Gott die Welt geliebt, daß er seinen eingeborenen Sohn gab", stand in goldenen Lettern überm Altar in einer der Bolle-Kapellen. Aber das Wort der Heiligen Schrift konnte einem auch an ganz anderen Stellen des Betriebsgeländes begegnen. An den Pferdeställen ließ der alte Bolle Worte aus dem „Buch der Sprüche Salomonis" anbringen: „Der Gerechte erbarmt sich seines Viehs; das Herz der Gottlosen aber ist unbarmherzig."

Wer hier die Schrift an den Wänden las, konnte gar nicht umhin, die Bibel als eine Programmschrift für die ganze Meierei zu empfinden. Deutlicher war nicht zu zeigen, daß der Unternehmer nicht einfach nur auf Gewinn setzen wollte. In Kopf und Herz Bolles hatte sich etwas von den Knabenträumen gehalten, mit denen er sich auf die Kirchenkanzel hinaufversetzt hatte: berufen, gehört zu werden und Menschen den Weg zu einem besseren, einem gottgefälligen Leben zu zeigen.

Wer anderen beim Abschluß des Dienstvertrags gleichzeitig den Wandel zum besseren Menschen abfordert, muß freilich auch lernen, mit mancher Enttäuschung zu leben. Die Einigkeit mit dem Personal will sich höchstens auf so unvollkommene Art wie in der Familie herstellen lassen, in der – wir wissen's nun schon – auch bei Bolle nicht alles dauerhaft glückt.

Außerdem nehmen die Kräfte in der Öffentlichkeit zu, die sich gegen seine Denkungsart richten. Neue Zeitungen sind unter die Leute gekommen – so das „Berliner Volksblatt", aus dem der sozialdemokratische „Vorwärts" hervorgehen wird. Die Deutsche Freisinnige Partei ist gegründet. Friedrich Engels veröffentlicht das aus Impulsen von Lewis Morgan mit Materialien von Karl Marx entstandene Buch „Der Ursprung der Familie, des Privateigentums und des Staats", das an der herkömmlichen bürgerlichen Ordnung nachhaltig rüttelt und dazu verhilft, rebellischem Denken neue Wege zu öffnen.

Ab 1891 tritt Carl Bolle denen, die an den Grundfesten von Gesellschaft, Kirche und Kaiserreich kratzen, mit einer eigenen Wochenzeitung für seine Mitarbeiter entgegen. Der „Fabrik-Bote der Meierei C. Bolle" verspricht, „Euch die Schummerstunden nach des Tages Last und Mühe angenehm vertreiben zu helfen". Unterhaltung und Belehrung also – und aus der Politik wenig, „nur die interessantesten Tagesereignisse" verspricht das Blatt weiterzugeben. „Ein lebendiges Interesse an unserer gemeinschaftlichen Arbeit soll der ‚Bote' wecken und erhalten", heißt es.

Wunschziel: Im Haus Bolle sollen sich alle erhaben wissen über die Misere des „so unverständlich geschürten Kampfes zwischen Arbeiter und Brod-Herren". Das Bolle-Blatt ist zur Bewußtseinsbildung bestimmt – und wer wissen möchte, wie es dem Chef des Hauses ums Herz ist, wird wohl nirgendwo mehr Erkenntnis gewinnen, als wenn er jede Woche die acht Seiten seines Hausblatts befragt.

Behandelt wird an erster Stelle, was auch ihn interessiert. Einerseits Bibelauslegung und fromme Betrachtung, andererseits haben Allgemeinbildung und kleine Informationen zur wissenschaftlichen Entwicklung stets ihren Platz. Die „Politische Wochenschau" beginnt meistens ganz oben in der politischen Landeshierarchie. Nach einer Reimparole für die Woche – zum Beispiel: „Ein kühnes Beginnen / Ist halbes Gewinnen" – muß der aktuelle Hofbericht stehen. Etwa so:

Seine Majestät der Kaiser hat im Laufe der Woche Regierungsgeschäfte erledigt; Ihre Majestät die Kaiserin hat ihren mannigfachen Pflichten als Landesmutter und als Beschützerin christlicher und wohltätiger Anstalten oblegen. Die jungen Prinzen sind wohlauf. (31. März 1891)

Biederer geht's nicht. Beim Reichstag, immerhin, wird regelmäßig Einblick in die Tagesordnung genommen. Und einmal – noch in den allerersten Wochen des Blattes – holt der Autor der „Politischen Wochenschau" zwischen diesen Nachrichten kräftig zur Meinungsäußerung aus. Die Gewerbeordnung steht im Parlament zur Debatte. Der Kommentator vermutet: Wenn „auch manches noch mangelhaft bleiben sollte, so ist sie doch als erster Schritt auf dem Wege der kaiserlichen Reformen zu betrachten". Und wenn etwas erst einmal „kaiserlich" ist, kann man es nur respektieren. Im Vorfeld der Diskussion aber glaubt der Autor zur Einstellung von Arbeitgebern und Arbeitnehmern etwas anmerken zu können: Von beiden Seiten werde die Arbeitsfrage oft nur als Lohnfrage betrachtet.

Aus dieser Ansicht erwuchs das sogenannte „Manchesterthum", nach welchem Arbeitgeber die Arbeiter nur als Maschine betrachten, um deren leibliches und geistiges Wohl sie sich nicht um einen Deut zu bekümmern hätten. Während die anderen, nämlich die „Sozialdemokraten", die Arbeit nur als Gelderwerb betrachten, den sie selbst unter Anwendung roher Gewalt auf das Höchste hinaufschrauben zu müssen glauben. Beide vergaßen das Band gegenseitiger Anhänglichkeit, welches Arbeitgeber wie Arbeiter überall dort verbindet, wo gesunde Zustände herrschen. (21. Februar 1891)

Wer weiter liest, erfährt die Position des Hauses Bolle: Lange vor den Zehn Geboten hat Gott gesagt, daß der Mensch sein Brot im Schweiß seines Angesichts essen soll. Gewissenhafte Arbeit beglückt und läßt Nöte vergessen – gleichgültig, wie sie beschaffen sein mag, „ob sie die des Ministers im Rate, des Bauers am Pfluge, der Näherin im stillen Kämmerlein, der Mutter am Herde oder an der Wiege, des Kutschers auf dem Milchwagen oder des Schreibers ist, welcher diese Wochenschau zusammenstellt".

Wer der Schreiber ist, muß nicht untersucht werden. Zwar läßt sich beobachten: Am 14. März hat Pastor Bernhard Kanzow die Verantwortung für den redaktionellen Inhalt des Blatts über-

Sedan-Kult als Ausdruck eines Lebensgefühls, das in heutigem Erleben gar nicht mehr vorstellbar ist. Titelseite des „Fabrik-Boten" zum 30. Jahrestag des Sieges über die Franzosen – mit den üblichen Textempfehlungen für die Bibellektüre. Die Sprachformeln im Festgedicht haben sich mit kleinen Korrekturen später als wiederverwertbar erwiesen. „Ein Volk, ein Reich, ein Führer" hieß eine gängige Naziparole. Erinnerung an Vergangenes floß wohl auch ein, als 1989 in der Leipziger Parole „Wir sind das Volk" noch eine kleine, aber die Aussage verwandelnde Änderung („Wir sind ein Volk") angebracht wurde.

Nr. 35.   **Sonnabend, den 31. August 1901.**   **XI. Jahrg.**

Morgens und abends zu lesen:

	Morgens:	Abends:		Morgens:	Abends:
Sonntag, 1. September:	Sach. 7, 4—10.	Psalm 30.	Donnerstag, 5. September: Joh. 5, 30—47.	Eph. 2, 11—20.
Montag, 2. „	2 Mos. 15, 1—19.	Eph. 1, 1—14.	Freitag, 6. „ — 6, 1—15.	— 3, 1—13.
Dienstag, 3. „	Joh. 5, 1—18.	— 1, 15—23.	Sonnabend, 7. „ — 6, 16—23.	Psalm 62.
Mittwoch, 4. „	— 5, 19—29.	— 2, 1—10.		

⇛ Ein Reich, ein Volk, ein Gott. ⇚

Zum Sedanfest.

Ja, es ist unser worden
Das neue deutsche Reich,
Der Süden und der Norden
Geeint durch Schwerterstreich.
Was Ahnen heiß begehrten,
Prophetenmund besang,
Doch Feinde lang verwehrten,
Das deutsche Schwert errang!
Wir haben dich und halten
Dich Kampfpreis ohne Gleich;
Den Kaiser sehn wir walten,
Wir haben nun ein Reich!

Ein Volk sind wir geworden,
Ein ein'g Brudervolk.
Nicht mehr getrennte Horden,
Kein buntes Heergefolg'.
Wo deutsche Schwerter klingen,
Man deutsche Treue hält,
Wir deutsche Lieder singen,
Und deutsche Zucht gefällt.
Da ist ein Volk. — Wir stehen
Trotz Sturm und Wetterwolk';
Die ganze Welt soll's sehen:
Die Deutschen sind ein Volk!

Hoch über beiden thronet.
Der beide schuf: — ein Gott,
Der ob den Wolken wohnet,
Und lacht der Feinde Rott'.
Dem sich die Knie bengen,
Zu dem wir kindlich flehn,
Dem Könige sich neigen,
Den Engel licht umstehn.
Dem woll'n wir uns verschreiben,
Trotz aller Spötter Spott,
Und dabei soll es bleiben:
Ein Reich, ein Volk, ein Gott!

nommen, nachdem sich anfangs Johannes und für einen kurzen Übergang Andreas Bolle als Redakteure versucht haben. Kanzow ist zuzutrauen, daß er so einen Text flink zu Papier bringt – und daß er weiß, daß er damit auch die Meinung des Schwiegervaters und Chefs wiedergibt. Gewiß steckt der ganze Bolle senior darin: arbeitswütig, fromm und auf seine Weise sozial engagiert, führungsbewußt.

So klare politische Diktion wird im „Fabrik-Boten" nicht oft wiederkehren. Unbekannt bleibt, ob und woher Echo zurückkam. Aber offenkundig hat die Firma bei diesem Anlaß gelernt, daß es sich mit den Geschäftsinteressen nicht gut verträgt, sich bei öffentlicher Meinungsäußerung zu einem Parteienstreit zwischen alle Stühle zu setzen. Statt dessen wird Johannes Bolle nun bald die Poesie-Spalten mit frommer Idylle bereichern, in der er schildert, wie ein kleiner Kreuzschnabel sich müht, an einem der Nägel des gekreuzigten Jesus zu ziehen. Und wie eine Weide Trauer zeigt.

Ach, die Arme mußt es dulden,
Daß mit ihren Zweigen hart
Bis aufs Bluth mit Weidenruthen
Unser Herr gegeißelt ward.
Und sie senkt seitdem der Zweige
Bleiches Laub zur Erd herab,
Wird zur stillen Trauerweide
An des lieben Heilands Grab.

Und auch das kann man aus dem „Fabrik-Boten" erfahren: Beim Betriebsausflug im Sommer darf eine Schiffsladung von Mitarbeitern wieder zum Kirschenfest in Bolles Obstgärten in Köpenick einfallen. Die Schilderung gerät ein wenig militärisch. Aber die Zeit liebt es ja so.

Gegen 300 Personen eröffneten den Angriff auf die schier unabsehbaren Reihen von Kirschbäumen. Trotzdem eine wackere Klinge geschlagen wurde, mußte bald der Rückzug unter dem allgemeinen Seufzen: „Ich kann nicht mehr" angetreten werden.

Im folgenden Monat sind es 631 Teilnehmer, die mit zwei Dampfern nach Wendenschloß fahren, „Katz und Maus" spielen und ein

Telegramm an den verreisten Chef schicken. Der antwortet post-
wendend und wünscht sich, „das gute Verhältnis zwischen uns
dauernd zu erhalten".

Dabei gibt es auch Anlaß, Bolles Gesundheit Beständigkeit und
Dauer zu wünschen: Offenkundig hat er sich krankheitshalber entfernt. Es scheint, als habe der knapp sechzigjährige dem Raubbau an
sich selbst nun Tribut zahlen müssen. Eine Woche vorher bereits hat
der Meierei-Gesangsverein „Harmonie" dem nicht in vollen Kräften
befindlichen Chef ein Ständchen gebracht. Zeitgemäß zeigt der
Patriarch, daß er gerührt ist: Zugleich im Namen der mit ihm
geschäftsführenden Söhne geht dem Verein zum Dank eine Vereins-
fahne zu.

Einmal, im Juli 1893, hat Carl Bolle sen. für den „Boten" sogar
selbst zur Feder gegriffen. In Bad Wörishofen konnte er sich von
gesundheitlichen Problemen befreien. Voller Bewunderung beschreibt er die Weisheit des naturheilkundigen Pfarrers Kneipp, die
ihn auf die Beine gebracht hat: Erfahrung, die er nicht für sich behalten will.

*Um meinen leidenden Leuten die Wohltat dieser Wasserkur zugäng-
lich zu machen, habe ich auf unserem Meierei-Grundstück und in
Marienhain zwei Badeeinrichtungen angelegt. Pfarrer Kneipp und sein
Anstaltsarzt geben jedem Leidenden auf meine Bitte die Verordnungen,
nachdem von ... unserem Kassenarzt, Herrn Dr. Wimmer, je ein Krank-
heitsattest ausgestellt und an Pfarrer Kneipp eingesandt ist.*

Immer wieder wird der „Fabrik-Bote" fortan dafür werben, daß
von den betriebseigenen Kneipp-Anlagen auch Gebrauch gemacht
wird – ebenso, wie das Blatt sich später immer wieder für die Benut-
zung der von der Firma eingerichteten Reinigungsbäder einsetzt.
Carl Bolle aber, nun einmal selbst als Autor tätig geworden, schreibt
bei seinem Inspirator Kneipp zur Warnung für alle Gefährdeten
noch etliche Sätze über das Biertrinken ab.

*Frage einen Gottesacker, wie viele hochbetagte Biertrinker er bekom-
me. Du wirst die Antwort erhalten: Ich bekomme recht viele Biertrinker
im schönsten Alter ihres Lebens. Aber recht alte nur den einen oder
anderen.*

Über gemeinsame Abende der Meiereifamilie ist immer wieder
im Betriebsblatt zu lesen – Pastor Kanzow plaudert bei diesen

Treffen über das häusliche Leben bei Martin Luther; man singt „Ännchen von Tharau"; Dr. med. Bolle hält einen Vortrag über Elektrizität. Im stets knappen politischen Teil der Wochenzeitung fällt auf, daß es gleichbleibendes Interesse für die – oft gewaltsamen – Entwicklungen in Afrika gibt. Die Kolonialpolitik des Reichs läßt beim alten Bolle wieder die Neugier für den Kontinent wach werden, den er einst als Missionar aufsuchen wollte. Über die Berliner Mission hat sein „Fabrik-Bote" nun Afrika-Informationen aus erster Hand, und daraus ist vor allem das naive Staunen der Afrikaneulinge zu lesen. Eindrücke aus Ostafrika:

Das Ganze bietet ein liebliches Bild, die Häuser liegen in Gärten zwischen Palmbäumen, aber leider fehlt es an Pflaster und an der nötigen Reinlichkeit, was bei der Sumpfluft die Fiebergefahr noch vermehrt.

Außenpolitisch stößt 1891 auch Frankreich auf besonderes Interesse im Meiereiblatt. Soll in Moabit doch eine internationale Kunstausstellung den kulturellen Rang der Metropole Berlin unterstreichen. Auf der Reise nach England hat sich die Kaiserin Friedrich in Pariser Ateliers umgesehen, um Kunstwerke zu sichten. Allerdings schlägt ausstellungswilligen Künstlern französischer Volkszorn entgegen. Noch unvergessen sind die 71er-Reparationen, die der Reichshauptstadt der deutschen Sieger unvermuteten Glanz geben sollten. Wütende Pariser zeigen ihre Unlust, weiterhin Berliner Repräsentation zu unterstützen. Zwar kommt es dann auch wieder zu einem Stimmungsumschwung – Bolles „Fabrik-Bote" indessen nimmt die Gelegenheit wahr, gegen den Erbfeind ein wenig mit der Waffe zu rasseln.

Dieses alberne Benehmen der Pariser und die jammervolle Schwäche der Regierung gegen das Toben von einer Hand voll Straßenjungen machte natürlich in Deutschland einen sehr üblen Eindruck ... Wir aber haben daraus gelernt, daß man mit den Franzosen nicht anders verhandeln darf, wie mit dem Säbel in der Hand.

Über lange Jahre läßt der „Fabrik-Bote" die Politische Wochenschau mit einem Standard-Satz enden: „Sonst herrscht Friede auf Erden."

Huld und Ordnung

Führungsanspruch mit Familiensinn

„Klingel-Bolle" oder „Bimmel-Bolle" war die Bezeichnung, die bei eher fernstehenden Beobachtern irgendwann in Gebrauch kam. Vom „Milchkönig" redeten wohl eher die, die über tieferen Einblick verfügten. Und es ist denkbar, daß sie dabei nicht nur an seine Berliner Marktführerschaft dachten. Sein ganzes Auftreten mutete mehr und mehr monarchenhaft an. Was nun längst deutlich ist: Er, der eine Führernatur wie Bismarck hoch schätzte und der die Person des Kaisers schlechthin verehrte, strebte im eigenen Wirkungsbereich vergleichbare Autorität an. Im vollen Bewußtsein der Verantwortung für die Klientel nahm er den Platz ein, den sein hierarchisches Denken ihm zuwies.

Einer muß sagen, wo's langgeht. Alle anderen sollen tun, was er will und was er genehmigt. Geist der Epoche: Das Wort „Gehorsam" hatte hohe Bedeutung.

Beim zehnten Stiftungsfest der Provinzialmeierei erstattete Andreas Bolle den Jahresbericht: eine Ruhmrede auf das Sozialmodell, das Vater Bolle für die Arbeiter und Angestellten in seinem Betrieb und für deren Familien eingeführt hatte. Alle sollten es hören: In der Fürsorge für seine Leute und bei der Abwehr sozialer Not hat Bolle immer die Nase vorn. Zwar werden die Arbeitenden oftmals recht heftig in Anspruch genommen. Doch wer sich davon nicht abschrecken läßt, zieht letztlich Nutzen aus seiner Treue. Bei Bolle geht man nicht unter.

Daß bei der Bilanz der guten Taten die Seelsorge an erster Stelle genannt wurde, kann nicht verwundern. Andreas Bolle zählte auf, was die Firma an Einschlägigem bot: Gottesdienste, Abendmahlsfeiern, Taufen, Trauungen, Krankenkommunion, Konfirmandenunterricht und Sonntagsschule – getreu dem Motto „Bete und arbeite", das auch im Titelkopf des „Fabrik-Boten" stand. Für besondere Freizeitgestaltung (und nebenbei zu Nutz und Frommen der

Betriebsgemeinschaft) gab es nicht nur Chor und Orchester. Eine Spielschule für die noch nicht schulpflichtigen Kinder der Betriebsangehörigen stand zur Verfügung; zu Weihnachten wurden die Kinder beschenkt.

Kranke besuchte der Pfarrer, und auch die neu eingetretenen Arbeiter kriegten Besuch, der nachsah, ob aus sozialer Rücksicht vielleicht etwas für sie getan werden müsse. Der Bildung, Erbauung und Unterhaltung diente eine eigene Bibliothek. Wer Lust und Talent zum Schnitzen verspürte, fand Anleitung und eine angemessen ausgestattete Werkstatt.

Anders als andere Spareinrichtungen garantierte die Betriebssparkasse fünf Prozent Zinsen. Sonnabends kriegte jeder das Wochenblatt aus der eigenen Druckerei in die Hand. Den Bollejungen, die ja besonders gut zu Fuß sein mußten, wurden die dazu nötigen Schuhe zur Verfügung gestellt und repariert. Unterhaltsam, belehrend und offenbar bei vielen beliebt waren die Familienabende, zu denen die Firma regelmäßig einlud. Auch die Land- und Dampferpartien dienten – neben wiederkehrenden Festen – nicht dem Betriebsklima allein, sondern vor allem dem Vergnügen.

Für Kinderbetreuung und Hausfürsorge hatte Bolle übrigens erst zwei, dann drei Diakonissen in die Firma geholt. Wieviel Wert die Leitung auf die Hilfstätigkeit legte, ging aus werbenden Hinweisen im „Fabrik-Boten" hervor – etwa aus der Bemerkung, daß die Diakonissen von eingetretenen Krankenfällen oft gar nichts wüßten.

Wir weisen deshalb wiederholt darauf hin, daß es uns nur erwünscht sein kann, wenn Krankheitsfälle in den Familien uns sofort gemeldet werden, damit wir die Kranken aufsuchen und für ihr Wohl Sorge tragen können.

Manche weitergehende Überlegungen waren offenkundig nicht zu einem guten Abschluß zu bringen, weil die Vorstellungen der Meiereiangehörigen mit denen ihrer Chefs nicht in Einklang gebracht werden konnten. Das galt insbesondere für den Plan, den Arbeitern billige und zweckmäßige Wohnungen zu schaffen: Von den Hausfrauen wurden Wohnungen ohne eigenen Korridor als durchaus unbillig empfunden; überhaupt stellte es sich heraus, daß viele „Wünsche überhaupt nicht zu befriedigen sind", wie es im

„Fabrik-Boten" hieß. Bolles Überlegungen waren damit allerdings noch nicht am Ende. Über ein Heim, das alte und krankgewordene Arbeiter aufnehmen sollte, sprach er noch kurz vor seinem Sterben mit seinem Sohn Carl.

Auch das Lebensversicherungsmodell, das sich die Geschäftsleitung zum zehnjährigen Bestehen der Firma ausgedacht hatte, wurde nicht realisiert. Für langjährige Firmentreue schien es bei der Ankündigung eine großzügige Dankesgeste zu sein. Angeblich brachte das „ungehörige Betragen und Auftreten eines jetzt nicht mehr in unserem Geschäft befindlichen Kutschers" das Vorhaben zu Fall. Ein nicht durchschaubarer Vorgang. Zuletzt blieb nur die Zusage übrig, daß man Witwen und Waisen auch künftig nicht im Stich lassen wolle.

Selbstverständlich blieben Spannungen zwischen dem Meiereikönigsthron und dem Volk auch später nicht ganz aus. 1889 wuchs sich der Fall eines im Dienst verunglückten Kutschers zu einer sozialdemokratischen Kampagne aus, die zum Boykott gegen Bolle aufrief. Einen Fuß hatte der arme Mann im Dienste der Firma verloren; der Umstand, daß es um eigenes Verschulden ging, konnte ihm das Mitgefühl zunächst nicht entziehen. Er wurde im Büro weiterbeschäftigt, wo allerdings seine Arbeitsweise Unmut auslöste. Nicht genug: Der Mann klagte um Zuwendungen als Ausgleich für sein schlimmes Unglück, drang bis zum Reichsgericht vor und blieb zuletzt der Verlierer. Bolle mußte sich anstrengen, sein hausinternes und öffentliches Ansehen bei dieser Sache nicht größeren Schaden nehmen zu lassen.

Fehlleistungen bei einem aufsehenerregenden Zwist des Jahres 1897 waren so gut wie eindeutig auf Bolles Seite zu suchen. Der notorische Protestant hatte mehrere katholische Arbeiter auf die Straße gesetzt. In der öffentlichen Diskussion fand sich die Erklärung, die Betroffenen seien den Hausgottesdiensten in Bolles Kapelle ferngeblieben. Als eine Zeitung sich in streitbarem Ton der Ereignisse annahm, reagierte die Chefetage auf heute nicht nachzuvollziehende Weise: Offenbar in der Überzeugung, für die Verbindung von Milch mit evangelischer Denkungsart Anspruch auf Tendenzschutz erheben zu können, wurden alle Katholiken gefeuert.

An eine Neuauflage von Bismarcks nicht weniger willkürlich

hochgeputschten „Kulturkampf" hätte man denken können, als es in einem Brauereisaal zu einer vielhundertköpfigen Protestkundgebung kam. Der Prior des Dominikanerklosters von Moabit, Pater Raymund Lentz, konnte der wütenden Menge gerade noch rechtzeitig Entspannung verkünden: Zweimal hatte er sich zu Verhandlungen in der leidigen Sache mit Kommerzienrat Bolle getroffen, der schließlich eingelenkt und einem gütlichen Übereinkommen zugestimmt hatte – gütlich genug jedenfalls, um die Versammlung in Jubel ausbrechen und den Ordensmann als Helden feiern zu lassen. Die entlassenen Katholiken kehrten in die „Familie" der Bollearbeiter zurück, und der „Westfälische Merkur" gab dem Bericht über diese Ereignisse am 28. November 1897 die Überschrift: „Ein schneidiger Mönch".

Daß Bolle sich andererseits um maßvolle Strafen bemühte, kann eine andere Gelegenheit zeigen: Zu – wohl glimpflichen – Verletzungen war es durch leichtfertigen Umgang zweier Mitarbeiter mit Schußwaffen gekommen. Der eine mußte zehn, der andere fünf Tage mit der Arbeit aussetzen.

Wirklich schlimm geriet ein Eklat, zu dem es anläßlich des 25. Stiftungsfests kam. Wie schon beim gescheiterten Projekt mit den Lebensversicherungen setzte der „Fabrik-Bote" bei seiner Berichterstattung stillschweigend voraus, es sei gar nicht nötig, dem Leser Einzelheiten zu schildern – die „Fabrik-Boten"-Leser seien vom Betriebsklatsch schon eingeholt worden. Mit Rücksicht auf den Termin von Hochzeitsfeierlichkeiten am Kaiserhof hatte Bolle die Folge der eigenen Jubiläumsfestakte um einige Tage hinausgezögert; „erst in der nächsten Nummer", hatte das Hausblatt versprochen, werde ein eingehender Bericht darüber zu lesen sein.

Doch es sollte zu diesem Artikel nicht kommen. Ein volles Jahr später erst war eine Andeutung über die Vorfälle zu lesen: Carl Bolle junior hatte zum mittlerweile 26. Jahrestag die Ansprache gehalten und dabei nur eine verhältnismäßig kleine Zuhörerschaft vor sich gesehen, nämlich „die im großen Festsaale versammelten Mitglieder der ‚Harmonie' und ‚Concordia', denen sich die älteren Herren aus dem Kontor und der Meierei, die Handwerksmeister und der Obermeister zugesellt hatten".

Die Formulierung läßt nicht vermuten, daß von Chor und

Orchester alle Mitglieder anwesend waren, und sie gibt zugleich Gewißheit, daß ohnehin nur ein handverlesenes Publikum der Rede zuhörte.

Sie streifte aus dem vorigen Jahre die unerquicklichen Vorgänge in der Meierei, in deren Folge das sonst übliche Stiftungsfest für diejenigen, die redlich und treu zur Meierei und ihren Herren Chefs stehen, doch nur eine beeinträchtigte Freude sein konnte.

Unruhe? Aufruhr? Revolution? Leider läßt sich zu alledem nicht mehr aufschreiben als das Eingeständnis, daß die Hintergründe der tiefen Verstimmung unbekannt bleiben müssen. Über die Missetäter und ihre Streiche wurde der Nachwelt nichts überliefert, und so bleibt nur die Vermutung, daß ihr wohl nichts Weltbewegendes entgangen sein muß. Aufmüpfige Rufe, vielleicht ein frecher Gesang? Über mehr, über Handgreiflichkeiten oder eine brennende Barrikade etwa wäre gewiß Nachricht nach außen gedrungen.

Wenn sich um diese Zeit etwas änderte in der Bolleschen Firma, dann der Gesundheitszustand des immer noch regierenden Milchkönigs. Angeschlagen wirkte er nun – ein Mann in den Siebzigern, der schon wiederholt veranlaßt gewesen war, Heilaufenthalte in Bädern in Anspruch zu nehmen. Mindestens einen Schlaganfall hatte er bereits überlebt. Es gab Phasen, in denen er sich nicht mehr öffentlich sehen ließ. 1905 hatte er seine Lebensbilanz dem Papier anvertraut.

Ich gehöre zu den Wenigen, die sich durch die Not hindurch gearbeitet haben. Mein Leben war dennoch glücklich, denn es ist ein Glück, ein Leben voller Mühe und Arbeit zu führen.

So kann nur einer schreiben, der Zufriedenheit über die Ergebnisse seiner Arbeit empfindet. Sein Lebenswerk entsprach dem, was er in den Jahrzehnten als Unternehmer angestrebt hatte. Das Schwungrad des Erfolgs brachte es weiter voran. Die sozialen Neuerungen, die er eingeführt hatte, setzten sich fort – gerade auch auf dem Gebiet, das ihn so oft Anfeindungen ausgesetzt hatte.

Zu einem der Geheimnisse seines Erfolgs beim Milchvertrieb waren die Heranwachsenden geworden, die von den Milchwagen aus mit Bimmel und Milchflaschenkorb an die Türen von Häusern und Wohnungen eilten. Nach Bolles Sprachregelung hießen sie Burschen. Zunächst ausschließlich Jungen, später gingen auch

Mädchen mit auf tägliche Milchfahrt. Den Beobachtungen von Eberhard Schmieder ist kaum zu widersprechen:

Der Junge selbst wurde als „Bollejunge" ein Berliner Begriff; er löste den Schusterjungen in der ersten Hälfte des 19. Jahrhunderts ab; noch während der Olympischen Spiele in Berlin im Jahre 1936 hießen im Volksmund die weißgekleideten Jungen, die von der Leitung der Spiele als Fremdenführer eingesetzt waren, Bollejungen. Ein ehemaliger Bollejunge versicherte im Jahre 1956: „Wäre ich heute 14 Jahre, und Bolle fährt die Milch wieder mit Pferden aus, dann werde ich wieder Bollejunge im wahrsten Sinne des Wortes. "

Wenn der „Fabrik-Bote" in seinen Hausmitteilungen kein Hehl daraus machte, daß es eine beständige Personalfluktuation gab, so gab es andererseits doch auch viele, die sich gut aufgehoben fühlten in der Meierei und die nicht daran dachten, sich anderswo zu bewerben. Ein besonders eindrückliches Beispiel stellt ein Hans Rosemann dar, der nach fünfzigjährigem Dienst 1974 aus der Firma Bolle ausschied: Als Bollejunge hatte er seinen Dienst in einer Zeit aufgenommen, in der Elektrofahrzeuge die Meiereipferde verdrängten; die Beifahrer auf diesen Mobilen mußten Richtungsänderungen mit dem Heraushalten einer Kelle anzeigen. Zu seinem Beruf hatte er gefunden, weil sein Vater, Fritz Rosemann, auch schon Milchfahrer war.

Ob einer dauerhaft an einem solchen Arbeitsplatz festhielt – es regelte sich wohl nicht allein mit der Frage nach der Arbeitszeit und nach dem Erlös, der sich jede Woche in der Lohntüte fand. Es war auch eine Frage der Mentalität. Wenn Bolle Burschen auffing, die keinen Halt bei den Eltern mehr hatten, wenn er ihnen neben einem Quartier auch noch Fortbildungs- und Freizeitmöglichkeiten anbot, dann ist leicht zu verstehen, wie auf diesem Wege auch ein Gefühl für Heimat entstand.

Insbesondere den jungen Mitfahrern hatte das Haus attraktive Angebote zu machen. Von 1896 an waren sie am Verkaufserfolg mit Tantiemen beteiligt. Alle sozialen Leistungen galten nicht nur ihnen; sie konnten sich gegebenenfalls auf ihre Familien erstrecken – bei der Belieferung mit Brennstoff etwa. Auch den Geschwistern standen nicht nur die Sonntagsschule und die Gesangsübungen offen. Für Mädchen gab es in zwei Wochenstunden Anleitung im

Nähen, Stopfen und Flicken, zu denen die Meierei nicht unmittelbar für sie tätige Schwestern ebenfalls einlud. Die Beteiligung von Geschwistern an der Ferienerholung wurde allerdings bei den Burschen auch vom Grad ihres Engagements für die Firmeninteressen abhängig gemacht.

Mit denen, die zu Weihnachten einsam blieben, traf sich der alte Bolle – bei gemeinsamen Liedern und Gesellschaftsspielen – zum Heiligen Abend. Wenn er für Kinder seiner Arbeitnehmer Ferienkolonien einrichten ließ und wenn er darüber hinaus die Eltern dieser Kinder zu einem Tagesausflug in die Ferienkolonie Milow einlud, erklärt es sich leicht, daß es zwischen dem Personal und dem Chef oft zu stärkeren Bindungen kam.

Neben Milow wurden übrigens auch andere Plätze für würdig befunden, eine Bollesche „Ferienkolonie" aufzunehmen. Manche Kinder wurden nach Rheinsberg, manche nach Norderney geschickt. Es spricht für einen erfolgreichen Ausgang der ersten derartigen Unternehmung, daß im folgenden Jahr noch andere Ferienplätze einbezogen wurden – darunter Borkum, wo weitergehende Pläne in aufschlußreicher Weise scheiterten.

Bolle dachte daran, dort ein eigenes Kinderheim zu errichten. In diesem Sinn richtete er eine Anfrage an die zuständige Domänenverwaltung in Aurich, die in der Tat zu verkaufen gedachte. Aber nicht an Bolle und jedenfalls nicht für den von ihm beabsichtigten Zweck: Dafür sei „das Grundstück zu günstig gelegen", eine „bessere Verwertung" sei zu erwarten; überdies werde ein Ferienheim für Arbeiterkinder die angrenzenden Grundstücke entwerten. Bolle reagierte sauer auf diese Form bourgeoisen Klassenbewußtseins:

Gerade bei den heutigen politischen Strömungen sollte man doch mit derartigen Äußerungen mindestens vorsichtiger sein, um der sozialdemokratischen Sache nicht immer neue Nahrung zuzuführen.

Als zum ersten Male 72 Kinder nach Milow abfuhren, verabschiedete sie das „Concordia"-Orchester am Lehrter Bahnhof. Von nun an öffnete die Kolonie für die Kinder Jahr für Jahr ihre Tore aufs neue. Wanderungen und Spiele im Freien standen an bevorzugter Stelle in den Programmen. Zu den ständigen Begleitern unterwegs gehörte ein Esel, der die zu stark Ermüdeten in einer „Equipage" mitnahm. Der alte Bolle und insbesondere sein Sohn Johannes widmeten dem Vorhaben fortlaufend große Aufmerksamkeit. Johannes beteiligte sich auch mindestens zeitweilig aktiv an der Betreuung.

Viele der aus minderbemittelten Familien kommenden Ferienkinder hatten Probleme mit ihren Schuhen – Bolle ließ Sandalen beschaffen. Für alle. Als Festtage besonderer Art wurden die Besuche des Seniorchefs begangen, der mit dem Dampfer anreiste, großzügig Kuchen spendierte und manchmal Schokoladenzigarren mitbrachte. Er ließ es sich auch nicht nehmen, den Kindern persönlich Anleitung zu Milower Spiele-Premieren zu geben; Topfschlagen, Sacklaufen und Tauziehen fanden jedenfalls erstmalig unter seiner Regie statt. Vor und nach den – bis zu sechs – Ferienwochen wurde der Zustand der Kinder von Ärzten beurteilt. Der beste Eindruck ergab sich allemal, wenn deutliche Gewichtszunahme zu beobachten war.

Bis heute ist das Haus eine aus dem Rahmen fallende Zierde der Dorfstraße Milows. Wechselnde Zeiten haben es immer wieder Kinder oder junge Leute beherbergen lassen. Zu Beginn des Ersten Weltkriegs wurden Jungen untergebracht, die zu ihrer Sicherheit aus Ostpreußen verschickt worden waren; nach dem Krieg diente die Villa als Heim eines kirchlichen Verbandes für die weibliche Jugend. Anfang der dreißiger Jahre als Pension genutzt, ging sie in der Nazizeit in den Besitz des Kreises Jerichow über, der es zum Arbeitsdienstlager für junge Frauen bestimmte. Nach dem Zweiten Weltkrieg und einer Zwischennutzung als Lazarett für sowjetische Soldaten wurde sie fünf Jahre als Waisenhaus verwendet, um dann Jugendherberge zu werden. Als solche ist sie – nach der deutschen Wende in den neunziger Jahren ansehnlich renoviert – bis heute ein attraktives Ziel für Wanderer aller Fortbewegungsarten geblieben. Und zugleich: Erinnerung an einen Mann, der die Herausforderung für sich empfand, mit seiner Arbeit nicht nur dem Eigeninteresse dienen zu müssen und gegenüber der Treue der mit ihm gehenden Menschen Treue zu zeigen.

Tue recht, scheue niemand

Bloß keine Angst vor Behörden

Aktenstücke aus dem ehemaligen Meiereiarchiv, die sich heute im Berliner Verkehrsmuseum befinden, halten einen endlos anmutenden Behördenkrieg fest, dem Bolle sich stellen mußte. So wird vom Verkehrskommissariat unter dem Aktenzeichen II.b.C. 624/05 – am 13. März 1905 ausgefertigt – erklärt, „daß Bestimmungen, wonach Geschäftswagen, zu denen die Bolle'schen Milchwagen zweifellos zu rechnen sind, den Königsplatz nicht befahren dürfen, hier nicht bekannt sind".

Es fällt nicht schwer, sich den Zusammenhang herzustellen: Es hatte also irgendein Wichtigtuer dagegen einschreiten wollen, daß Bollekutscher den Platz vorm Reichstag – wie alle anderen Plätze und Straßen auch – als öffentlichen Verkehrsraum benutzten. Und so war es offenkundig zu einer, wie die Behörde dann zugab, völlig unbegründeten Anzeige gekommen.

Bolle hatte Neider. Nicht nur die Gegner im „Milchkrieg" unternahmen immer neue Versuche, dem Milchkönig Stolpersteine vor die Füße zu schieben. Insbesondere fanden Auseinandersetzungen um die Bollebimmel nie zu einem Ende. Eine Verfügung von 1881 sei – so eine Notiz im Archiv – „anscheinend das einzige, was über das Ausklingeln der Milch existiert"; danach sei „die Bimmelei sonntags nach 9 Uhr verboten". Weitere Anmerkung: „Es wird am besten sein, nicht daran zu rühren."

Rangeleien mit unterschiedlichen Behörden mußten lange über den Tod von Carl Bolle hinaus fortgesetzt werden, und wenn in der Straßenpolizeiverordnung von 1917 das Ausklingeln der Milch ausdrücklich gestattet worden war, so sind sogar für 1926 noch Hinweise auf Anzeigen und andere Querelen zu finden.

Vor der Entstehung von Groß-Berlin hatten die Kutscher in jedem Vorort mit anderen Regeln fertigzuwerden. Wie kleinlich es da zugehen konnte, legte Bolle 1891 in einem Schreiben an den

Oberpräsidenten der Provinz Brandenburg, Staatsminister von Achenbach, dar.

Viele dieser Vororte sind so eng mit Berlin verbunden, daß z. B. häufig die eine Seite einer Straße zu Berlin, die andere Seite derselben Straße aber zum Vorort gehört. In allen Fällen des Handels, der im Großen oder Kleinen auf den Straßen Berlins betrieben wird, ist es deshalb schwer, die Bestimmung immer zu halten, daß mit der Weichbildgrenze Berlins die Berechtigung zum Handel ohne Gewerbeschein aufhört.

Probleme über Probleme: So ein Gewerbeschein – Laufzeit: ein Jahr – mußte auf den Namen des Kutschers ausgestellt sein. Jeder Kutscherwechsel rief Schwierigkeiten hervor. Denn der Nachfolger mußte, wenn er den Gewerbeschein endlich hatte, gründlich eingearbeitet werden, um ein genaues Bild von den regelmäßig zu beliefernden Kunden zu haben. Natürlich schreckte Bolle nicht vor Dramatisierung zurück, wenn es auf die Beschreibung der Folgen ankam.

Es vergeht ... immer einige Zeit, bis ein neuer Kutscher auf der Tour genau Bescheid weiß. Solange dies nicht der Fall ist, kann es vorkommen, daß Säuglingen und Kranken die ihnen unbedingt erforderliche und häufig vom Arzt verordnete Nahrung entgeht und sie gezwungen sind, anderweitig sich Milch zu beschaffen. Aber gerade bei Säuglingen und Kranken ist ein Wechsel der Milch häufig von den verderblichsten Folgen.

„Hochgeneigtest" bat Bolle den Oberpräsidenten also um ein Ende der Pflicht, Wandergewerbescheine für Schöneberg, Rixdorf, Pankow, Stralau-Rummelsburg, Wilmersdorf, Charlottenburg, Treptow und Reinickendorf vorweisen zu müssen. Außerdem verriet er: Etliche Kutscher verstanden den Wandergewerbeschein auch als Garantie, während der einjährigen Laufzeit nicht entlassen zu werden – und nahmen sich entsprechende Freiheiten heraus.

Aber was Bolle auch anführen mochte – der Staatsminister hatte nicht das geringste Verständnis dafür und schmetterte den Appell geradewegs ab. Unverdrossen machte sich Bolle daran, nun ein Gesuch an Finanzminister Dr. Miquel zu entwerfen. Darin wurde vorgeschlagen, bei Hausierern durch gründlichere Kontrollen einfach die Steuerfähigkeit feststellen zu lassen. Das Schreiben rechnet vor, welche Beträge Bolle an die Staatskasse abführt, und deutet mit unmißverständlichem Fingerzeig an, daß im Ministerium über ein

Ausbleiben dieser Summen doch immerhin einmal nachgedacht werden sollte.

Letztere könnte ich ruhig einsparen, indem ich die Vororte einfach nicht besuchen lasse. Ich will aber meinem einmal gefaßten Prinzip treu bleiben, indem ich durch den Verkauf wirklich unverfälschter Kuhmilch zu billigem Preise den Milchfälschern das Handwerk legen und jedermann eine gute Milch zugänglich machen will.

Wer aus solchen Formulierungen eine allzu forsch vorgetragene Hochnäsigkeit herausliest, wird sich verdeutlichen müssen, daß sie den Stilformen nicht unähnlich waren, in denen Behörden mit den Bürgern umgingen.

Aufschlußreich dafür, wie willkürlich sich dieser Verkehr abspielen konnte, ist das Firmenprotokoll über ein Gespräch, das einige Zeit vor dem Tod des Firmenchefs zwischen Carl Bolle junior und einem Regierungsrat Schmölders im Polizeipräsidium über den Sonntagsverkauf geführt worden ist.

„Herr Geheimrat selbst?" wollte Schmölders sich beim Gruß vergewissern. Sein Vater sei in keinem guten Gesundheitszustand, mußte Dr. Bolle erwidern. Eine starke Sprachbehinderung mache die Verständigung schwierig. In der nun hergestellten Gewißheit, den Geheimen Kommerzienrat Bolle nicht persönlich vor sich zu haben, wechselte der Mann von der Polizei zu salopperer Tonart. „So wie Sie sich das denken, geht die Geschichte nicht." Man werde, wenn die Meierei an Sonntagen zwischen 10 und 13 Uhr Milch zustellen wolle, die Erlaubnis zurückziehen, daß die Kutscher nur an jedem 21. Tag frei haben müßten; statt dessen werde man auf jedem dritten Sonntag bestehen.

Hundert Leute mehr würde die Firma dann einstellen müssen, hieß der Einwand des jungen Bolle. „Na, Sie sind ja reich genug dazu", antwortete Schmölders, den die Einladung, sich die komplizierten Arbeitsabläufe in Moabit einmal selbst anzusehen, nun auf eine andere Tonart umstimmte: Er müsse befürchten, wegen der Angelegenheit „selbst noch verwurstet" zu werden. Nach der Bolle-Aufzeichnung äußerte er:

Wir müssen damit rechnen, daß jetzt die Zentrumspartei und die frommen Konservativen einen entscheidenden Einfluß auf die Regierung nehmen, die uns dann gleich mit der Störung der Sonntagsruhe kommt, und wenn der Wind in höchsten Kreisen derartig weht, werden wir Beamte, die die Entscheidung auf sich geladen haben, hinweg gefegt. Bolle junior blieb hart: Eine frühere Belieferung sei am Sonntag unmöglich. Dann müsse man eben den Portiers Trinkgelder geben, hieß der polizeiliche Ratschlag. Und die Entgegnung: Es sei unmöglich, sämtliche Portiers in Berlin zu spicken. Noch einen leicht verbogenen Argumentierpfeil hatte Dr. Bolle in seinem Köcher: Manchen Kutschern sei mit dem freien Sonntag sowieso nicht zu helfen; seien sie doch dann oft unterwegs, um ihre Vertreter zu kontrollieren.

Festredenkultur

Eine Zeit für große Gesten

Den Frack aus dem Schrank zu nehmen gab es nur wenig Anlaß in seinem Fall. Natürlich mußte der Herr Kommerzienrat („Geheimer" Kommerzienrat ab 1908) einen besitzen. Stellte das Kleidungsstück doch – so Meyers Konversations-Lexikon von 1890 – „trotz seiner geschmacklosen Form den Galarock der meisten zivilisierten Nationen" seit mehr als einem Jahrhundert dar. So dürfte er ihn angelegt haben, um sich 1889 mit dem Kronenorden 3. Klasse und 1893 mit dem Roten-Adler-Orden 3. Klasse dekorieren zu lassen.

Wir wissen: Für Vergnügungen war er kaum zu haben, wenn sie nicht seine Meiereileute zusammenführten oder Ausdruck des Miteinanders innerhalb der Familie waren. Den Zustand der in Schichten und Cliquen sortierten Gesellschaft um ihn herum konnte er nur als die Ordnung begreifen, in die sein Herrgott ihn hineingestellt hatte. Und so kann man denn auch nicht fehlgehen, wenn man in seinem Denken und Träumen keinen Raum für Wünsche nach einem ständigen Logenplatz in der Oper oder nach Auftritten bei Hofbällen findet. Zum Außenseiter machte er, der hoch aufgestiegene Mittelständler, sich damit nicht.

Wichtig für ihn war, daß ihn die Vertreter der anderen Gruppierungen in seiner Bedeutung wahrnahmen. Um sich von der Konkurrenz abzuheben, mußten seine Produktionsstätten – etwa auf dem Gebiet der Hygiene – immer auf dem neuesten Stand der wissenschaftlichen und technischen Entwicklungen bleiben. Früchte und Säfte aus eigenem Köpenicker Anbau brachten ihm neben zahlreichen Ehrenmedaillen werbewirksame öffentliche Erwähnungen ein. Mit dem Aufstieg in die Kommerzienratsränge gewann er, wie wir schon sehen konnten, nicht nur an persönlicher, sondern auch an geschäftsdienlicher Reputation.

„Die menschliche Art" in der Leitung seiner Betriebe fiel sogar einem Engländer als beispielhaft auf. Im Journal „Nineteenth Century" („Warum sollten nicht London wie überhaupt jede unserer großen Städte ihren Bolle besitzen, ebenso gut wie Berlin?") hob Lord Meath nicht zuletzt am Beispiel seiner Sozialeinrichtungen Bolles Bedeutung für die Gesellschaft hervor.

Herr Bolle ist nicht einer jener Arbeitgeber, welche ihre Arbeiter nur als unerläßliche Werkzeuge zur Erlangung ihres eigenen Reichtums ansehen, er nimmt ein wahres Interesse an ihrer Wohlfahrt, und als ein weiser wie ebenso wohltätiger Mann fesselt er sie in seinen Diensten durch die Bande des Selbstinteresses und der persönlichen Liebe.

Kein Zweifel: Bolle konnte sich in dieser Darstellung beglückt wiedererkennen; der Lord hatte ihn beschrieben, wie er selbst in der Öffentlichkeit dastehen wollte.

Deswegen mußte er den Gedankenaustausch und die Anerkennung unter Gleichen auch gar nicht suchen. Es gibt keinerlei Hinweis auf Freundschaften von gleich zu gleich. Elternersatz hatte er in seiner Bindung an das Pfarrerehepaar Esche gesucht; kaum anders verhielt es sich im Verhältnis zu dem fast drei Jahrzehnte älteren Generalsuperintendent Büchsel. Seine Bindungen ans allgemeine Leben seiner Zeit drückten sich in der Teilnahme auch an den Ritualen weltlicher Art aus – in der Verehrung des Landesherrn und in der Beachtung von Gedenktagen, denen die Gegenwart vaterländische Bedeutung beimaß.

Es war eine Zeit, die wie andere ihre „Stars" und Vorbilder hatte. Vor allem erfolgreiche Militärs wurden verehrt. Dementsprechend schien der Anekdotenschatz über Männer wie General Blücher oder Feldmarschall Moltke auch in der Redaktion des „Fabrik-Boten" unerschöpflich zu sein. Übertroffen wurden alle durch Otto von Bismarck: Kanzler und Kultobjekt, Reichsgründer und Vaterfigur. Der Lotse, der schließlich Bolles Rat gesucht hatte, nachdem er von Bord gehen mußte und am Alterssitz Niederschönhausen unter anderem auch eine Milchwirtschaft einzurichten gedachte.

Am Geburtstagsvorabend des Fürsten Bismarck ging stets ein Abgesandter Bolles mit einem großen Geschenkkorb per Nachtzug auf Reisen, um noch vor Frühstücksbeginn die erlesensten Produkte aus der Meierei und den hauseigenen Gartenbetrieben abliefern zu können. Daß er dort mit unzähligen anderen Gratulationsboten

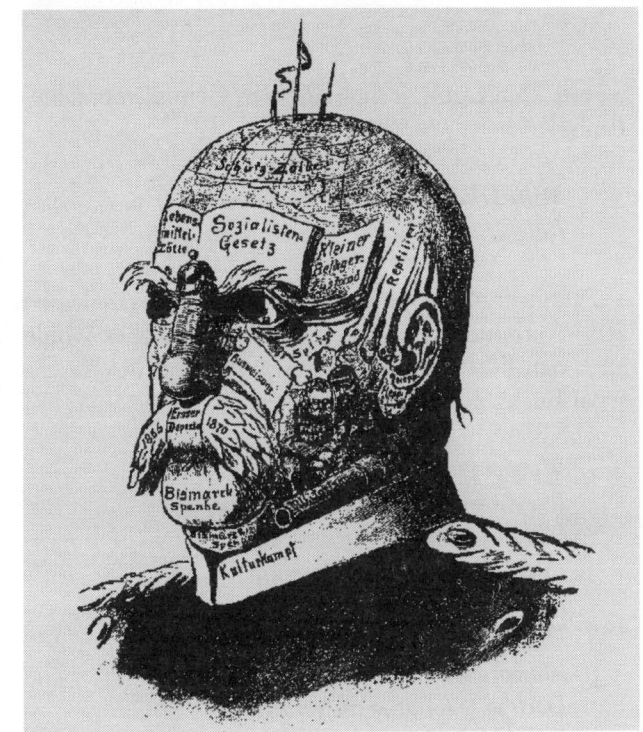

In den Gesprächen war Bismarck fast allgegenwärtig. Viele erkannten einen weisen Alleslenker in ihm; von anderen wurde er nicht nur heimlich veräppelt, wie diese „Moderne Schädelstudie" beweist.

zusammentraf, konnte die Wichtigkeit der eigenen Geschenksendung nur unterstreichen. Zu ganz besonderer Glücksempfindung kam es, wenn der Schreiber der Dankesbotschaft die beim Frühstück erfolgte fürstliche Anerkennung ausdrücklich vermerkte. In der Rubrik „Aus Stadt und Land" konnte der „Fabrik-Bote" am 19. Oktober 1895 berichten:

Die dem Fürsten Bismarck anläßlich seines 80. Geburtstags zugesandten Glückwunschkarten werden gegenwärtig im Museum in Schönhausen zwecks endgültiger Aufstellung geordnet. Das Bruttogewicht der vorläufig noch in Kisten verpackten Postkarten beträgt 693 Kilogramm.

„Einem Freunde unseres Hauses" („Fabrik-Bote") wurde die Ehre zuteil, auf Grund nicht beschriebener Umstände auch einmal die „Bismarckschüssel" überreicht zu bekommen – das Produktsortiment also, das dem Fürsten zum Geburtstag am 1. April geschickt

wurde. Den Dank nach erfahrenen Genüssen brachte er gereimt zu
Papier:

Milchbeherrscher, Butterkaiser,
Käsefürst, Du kluger, weiser …

Sahnig ergoß sich in insgesamt sechzig Verszeilen lyrisches Jauch-
zen – verbunden mit der Vorstellung, welches Wohlbehagen wohl
auch den Fürsten beim Verzehr von Frühstückskäschen und Bolle-
scher Butter erfüllt haben müßten.

Wie waren unter grimmigen Brauen
Die Augen sanft dann anzuschauen,
Wenn ihm, der so für uns geschuftet,
Der Camembert entgegenduftet!
Das Schlachtfeld hat er oft durchzogen,
Die Raben haben ihn umflogen,
Manch Feindeshaupt hat er zerbrochen,
Doch so was hat er nie gerochen!
Die Weltgeschichte an dem Rüssel
Hat er gepackt, auch diese Schüssel
Hat er gepackt auf seinen Teller,
Den Camembert, den Neufchâteller.
Und ich bescheidner Dichtersmann?
Ich hab dasselbige getan,
Und leise flehen meine Lieder:
„Du lieber Bolle, komm mal wieder.“

Idylle, die durchaus Appetit wecken kann. Daß den Dichter auch
nur sanfte ironische Hintergedanken bewegten, ist nicht zu vermuten. Wir begegnen hier dem letzten Viertel des Jahrhunderts von seiner liebenswürdigsten Seite. Viele brachten es zu beachtlicher
Kunstfertigkeit, blumige Verse zu langen Lobpreisgirlanden zu win-
den – wie überhaupt Lobrednerei hoch im Schwang war. In Bolles
Kreisen kannte man das so gut wie in anderen auch. Ein Meiereifest
ohne Huldigungs-„Prolog“ für die Chefs war kaum vorstellbar.
Gegen das Ende hin wurden donnernd Toasts ausgebracht: auf den

Herrn Kommerzienrat und – das Beste zuletzt – auf den Kaiser. Man durfte Stolz heraushören, an deren Werken – jeder an seinem Platz – mitgewirkt haben zu dürfen.

Der Politikwissenschaftler Wilhelm Hennis hält „bourgeoise Selbstzufriedenheit des Erreichten" für ein typisches Merkmal der Zeit, und Golo Mann glaubt, diese Zufriedenheit mit der Welt und sich selbst, die alle bürgerlichen Kreise erfaßte, sogar bei etlichen seiner Kollegen, bei Historikern, zu bemerken. Die Nationalliberalen unter ihnen, anfangs noch einigermaßen rebellisch, seien immer zahmer geworden, beklagt er sich:

Jetzt wurde ihr Kult der Geschichte zum Kult des Erfolges, und hörten sie nicht auf zu besingen, wie wir es doch herrlich weit gebracht, Lobredner der neuen Ordnung; hatten sie noch etwas Kritisches zu sagen, so ging's gegen den Franzmann, gegen das liberale England, gegen die Sozialdemokratie oder gegen die eigene Vergangenheit.

Ja, auch die Schriftsteller und bildenden Künstler, wettert der meist distanziert-vornehme Golo Mann, seien weithin nur noch mit sich zufrieden gewesen. Seien „heruntergekommen". Als Beispiele nennt er Emanuel Geibel und Paul Heyse, Felix Dahn und Victor von Scheffel, Karl von Piloty und Anton von Werner. „Die Literatur wird dann zur Festrednerei." Malern wie Dichtern wirft er Epigonentum vor – „verspäteter Klassizismus, falsche Renaissance; kein eigenständiger Stil, wie er veränderten Zeiten gemäß gewesen wäre". Gewiß doch, es gab daneben andere Geister, die auch Golo Mann nicht übersieht. Aber das Bürgertum nahm sie kaum wahr und ließ sich lieber einnehmen für die allzu idyllischen oder allzu pompösen Inszenierungen staatsnaher und – notabene – dem Geschmack des Kaisers genehmer Kultur.

Wer wird es dem alten Carl Bolle verdenken, daß er sich diesem Zug der Zeit anschloß? Mit den meisten Widerständen, die seinem Lebenslauf so dramatische Momente aufgeprägt hatten, war er fertiggeworden. Er konnte sich als Beschenkter empfinden, und sein Glaube kannte die Adresse, an die er Dank richten konnte. Aus der Perspektive seiner Berufspraxis war er Zeuge erstaunlichen technischen Fortschritts geworden. So schnell setzte die Entwicklung sich fort, daß die Nachgeborenen gelegentlich rätseln, was für merkwürdige Einrichtungen es in seiner Meierei gab.

Freude am Fortschritt – wie Bolle: Berliner jubeln auf den Dächern 1909 dem Zeppelin zu.

Ein Grundriß der Moabiter Anlagen von 1896 zeigt einen Raum für die „Pferdeputzmaschine mit Elektromotor". Soll man an einen Vorgänger unserer Autowaschstraßen denken? Bolle ging mit der Zeit und nahm mit offenem Sinn, was sie ihm bot. Noch 1909, im Jahr vor seinem Tod, ließ er den Dachgarten seiner Meierei zum Festplatz mit Tribünen und Zelten verwandeln, um von dort aus mit geladenen Gästen den Überflug des Zeppelins beobachten und feiern zu können. Einen ganzen Sonnabendnachmittag lang tat sich am Himmel allerdings zunächst einmal gar nichts; die Gesellschaft unterhielt sich bei „fröhlichen Weisen", die der Musikverein spielte. Über das eigentliche Ereignis war im „Fabrik-Boten" zu lesen:

Als am Sonntage nun der Zeppelin wirklich kam, war auch die ganze Gesellschaft vom Sonnabend wieder zur Stelle ... Wie auf Bestellung fuhr das Luftschiff gerade über das Meiereigrundstück hinweg, laut begrüßt von jubelnden Rufen, in die sich die feierlichen Klänge des Niederländischen Dankgebets, vom Musikverein geblasen, mischten.

Drei Tage später stand die Bolle-Welt schon wieder im Zeichen von Feierlichkeit: Sein 77. Lebensjahr hatte der Senior vollendet. Der Tag wurde mit großen Gesten begangen. Musikdirektor Demuth hatte einen neuen Marsch komponiert („Mit Gott in Einigkeit und Treue") und „Herrn Geh. Kommerzienrat hochachtungsvoll gewidmet". Für die Getreuen wiederum hatte der alte Herr Lob und Dank. Den Geschäftsführern Otto Müller und Emil Pohl widerfuhr ganz besondere Ehre: Fortan sollten sie mit dem Titel Direktor auftreten dürfen.

Feierlich gefaltete Stirnen, gehobener Ton, einhelliges Männerlachen an den passenden Stellen – worauf die üblichen Hoch-Rufe folgen. Zahlreich fahren oder gehen hinterher steile Zylinderhüte davon: wohlgeprobtes Ritual beim Kult des Erfolges.

Alter Missionsfreund

Afrikaner sind doch auch Menschen

Die alte, verkorkste Geschichte mit der Berliner Missionsgesellschaft – die müßte ihm, meint man, die Zuneigung zu diesem Verein ausgetrieben haben, ein- für allemal. Hat er doch immerhin zwei Jahre umsonst auf der dortigen Schulbank verbracht, und als einprägsam haben sich dabei vor allem Stänkereien im Lehrkörper erwiesen. Niemand wäre erstaunt darüber, wenn Bolle einen Schlußstrich gezogen und sich gesagt hätte: Es gibt erfreulichere Zeitgenossen auf dieser Erde.

Aber, merkwürdig, beide Seiten trugen einander nichts nach. Im Gegenteil, schon Anfang der sechziger Jahre hatte der nunmehr zum Maurermeister avancierte Missionsflüchtling wieder zu dem Haus in der Sebastianstraße Verbindung. Dort genügte die Gebäudesubstanz den Anforderungen nicht mehr; an Bolle erging der Auftrag, Bauplan und Kostenanschlag für einen Umbau zu liefern. „Danach wurde der Umbau im Frühjahr 1863 ausgeführt", heißt es lapidar in der Darstellung der Geschichte der Berliner Mission von Professor Julius Richter.

Um 1880, nachdem sich Bolle von den Folgen der Bankpleite leidlich erholt hatte, ließ er sich bei der Berliner Missionsgesellschaft sogar als regelmäßig zahlendes Mitglied eintragen – mit einem vorsichtigen Jahresbeitrag von 3 Mark zunächst. Als die Milch und die Gewinne immer lebhafter flossen, erhöhte er die regelmäßige Zuwendung auf 10 Mark. Bei der Berliner Mission wurde veröffentlicht, wer wieviel gezahlt hat. Es gehörte sich wohl, daß das Kaiserpaar die Liste der Beitragszahler anführte (er persönlich: 300, sie: 150 Mark; 1500 legte die königliche Konsistorialkasse drauf – so die Zahlen für 1886). Bolle, könnte man sagen, war mit einer angemessenen, freundlichen Geste dabei – wären nicht auf vergilbtem Papier an anderer Stelle manchmal Hinweise zu finden, die einen aufmerken lassen.

Die in der Hehe-Synode anzulegende neue (Missions-)Station, zu deren Begründung der Stifter, welcher ungenannt bleiben will, die Summe von 5 000 Mark bereits eingezahlt und weitere 5 000 Mark zur Verfügung gestellt hat, soll nach seinem Wunsch den Namen „Milow" erhalten.

Aus einem Komitee-Protokoll der Missionsgesellschaft vom 6. Mai 1902. Mittlerweile zu einer gewissen Kennerschaft in Bolle-Angelegenheiten vorgedrungen, brauchen wir beim Stichwort Milow nicht lange zu rätseln. Und wundern uns dann schon gar nicht mehr, wenn wir in einem Protokoll des gleichen Gremiums unterm 5. April 1904 folgenden Eintrag entdecken:

Die Schenkung eines ungenannten Missionsfreundes in Übernahme der Kosten zur Begründung a.) einer Missionsschule in Tandala, b.) eines Konde-Helfer-Seminars in Manow, c.) eines Hehe-Helfer-Seminars in Kidugala, d.) der Gehälter für die drei an diesen Institutionen anzustellenden Lehrer wird mit herzlichem Dank unter Vorbehalt der königlichen Genehmigung, welche beantragt ist, angenommen.

Die genannten Orte und Einrichtungen – ebenso wie das neue „Milow" – liegen in Ostafrika (heute im Staatsgebiet von Tansania). Hellmut Lehmann, der Richter-Nachfolger in Sachen Geschichtsschreibung der Berliner Mission, stellt (Titel: „Zur Zeit und zur Unzeit") im dritten Band eines als Manuskript vervielfältigten Werks über Wirkungen eines 1902 gegründeten „Lehrermissionsbunds der Berliner Mission" fest:

Das Interesse an den Kolonien förderte die Entsendung eines Lehrers für die Missionskinderschule Tandala in Ostafrika. Der Bund wollte für ihn aufkommen. Lehrer Diedrich und seine Familie wurden am 23. März 1905 im Festsaal der Meierei C. Bolle, Alt Moabit, vom Bund feierlich verabschiedet und durch die Mission im Dom abgeordnet.

Es sieht so aus, als hätten die sympathisierenden Lehrer dem Milchmogul eine Zahlungsverpflichtung abgenommen, die er ein Jahr zuvor noch selbst tragen wollte. Aber vielleicht akzeptierte er das recht gern, weil sich sein Spendengeld dann an anderer Stelle einsetzen ließ. Den Lehrern dankte er zunächst im Namen der Mission mit einem Empfang in der Meierei; daß es beim Ausschank nicht milchfrei zuging, dürfen wir wohl unterstellen.

Später sah er sich allerdings veranlaßt, persönlich eine dauerhafte Regelung für den Unterhalt aller drei Schulen zu treffen – die fand sich in seinem Testament und wurde nach seinem Tod 1910 wirksam: Die Zinserträge eines Legats in Höhe von 200 000 Mark sollten die Gesamtkosten decken.

Der Anfang von Bolles besonderer Sympathie für die Bewohner Afrikas ging möglicherweise auf Ereignisse zurück, die seinerzeit in Berlin viel Aufsehen und Aufregung machten. Ein in Transvaal lebender Deutscher mit dem einprägsamen Namen Dr. Ohnefalsch Richter hatte mit Hilfe eines Missionars 65 Schwarze aus einer von Hungerszeiten überzogenen Landschaft ermuntert, eine Reise nach Berlin zu unternehmen. Wegen der Reisekosten brauchten sie sich keine Gedanken zu machen; sie sollten sich in Berlin zur Schau stellen lassen und die Unkosten mit ihren Gesängen und Tänzen selber einspielen. Alfred Kerr höhnte am 6. Juni 1897 in seiner Berlin-Kolumne für die Breslauer Zeitung:

Bekanntlich wohnen in Berlin eine Masse Kaffern. Immerhin scheint ihre Zahl zu klein gewesen zu sein. Zwei Unternehmer entschlossen sich, neue Exemplare aus der Kaffernheimat zu verschreiben.

Ein Zeugnis unreflektierten Zeitgeists – ein gutes Jahrhundert später blickt der Leser betreten auf diese Äußerung Kerrs, dem man doch sonst ob seiner geschliffenen Formulierkunst immer nur zujubeln möchte. Bei der Berliner Mission grummelte es erheblich, als bekannt wurde, worauf sich der zuständige „Bruder Reuter" und ein bedenkenloser Superintendent im Missionsland eingelassen hatten. Bolle, mittlerweile Gönner und Autorität zugleich, meldete ebenfalls seine Mißbilligung an. Das sind doch Menschen, wurde argumentiert. Wer nimmt sich heraus, Menschen ausstellen zu dürfen?

Doch an der fragwürdigen Sache war nichts mehr zu drehen. Der Kontrakt war geschlossen. Als Motive mochten einerseits Kolonialenthusiasmus, andererseits Geschäftstüchtigkeit gelten. Daß auch die Politik Pate stand, wurde von den meisten (Kerr gehörte nicht dazu) vielleicht gar nicht bemerkt: In der Aufmerksamkeit für Transvaal steckte Sympathie für die Buren – und ein neuer Hieb gegen England, das in gleicher Sache und Absicht zuvor schon mit der zu Recht umstrittenen „Krüger-Depesche" durch Wilhelm II. provoziert worden war.

Hätten die irritierten Missionsleute so weit gedacht – sie hätten ihre Kritik wahrscheinlich ganz unter der Decke gehalten. Mit dem Kaiser wollte es sich in diesen Kreisen sowieso keiner verderben. Der gerüffelte Missionar Reuter aber war auf das Ansinnen der Veranstalter aus purer Arglosigkeit eingegangen. Er hoffte tatsächlich auf menschliche Begegnungen zwischen Schwarz und Weiß, die beiden Seiten Gewinn bringen könnten – und rechnete sich einen kleinen Vorteil für die daheim in Not zurückgebliebenen Familienmitglieder aus.

Menschenwürde auf dem Prüfstand: Insgesamt 65 schwarze Menschen standen nach mehrwöchiger Reise in Berlin auf dem Bahnsteig – unter ihnen 25 Getaufte und 40 „Heiden" –, und die Berliner „Heimatgemeinde" konnte sich nur noch bemühen, aus der Sache das Beste zu machen. Die Ausstellung breitete sich unter freiem Himmel (und auf – noch – freiem Gelände) zwischen Kurfürstendamm und Savignyplatz aus. Alfred Kerr, das Lästermaul, schrieb von „Renommierchristen" aus Matabele und kannte überhaupt bei seinem Verriß in der Breslauer Zeitung keinen Pardon.

Wer das riesige Terrain durchschritten hatte, und für den gemeinen Bürger kostete das am Eröffnungstage zwei Reichsmark, der fand mit Befriedigung, daß einiges bereits fertig war. Es gab Hottentotten-Kraals, aus Lehm und Halmen errichtet, die einfachen Wohnungen einfacher Menschen, von weitem wie Misthaufen mit Portalen wirkend.

Der erheblich später lebende Missions-Geschichtsschreiber Lehmann hat allerdings eine andere Perspektive gewonnen und kann rückschauend äußern:

Die Aktion ist nachher dank der Mithilfe vieler (Berliner Freunde) harmonischer und befriedigender zu Ende geführt worden, als zu befürchten war. Namentlich Reuter selbst und der alte bewährte Missionsfreund Carl Bolle, der den Gästen aus Afrika viel Gutes erwies, haben sich darum verdient gemacht, daß Schaden abgewehrt wurde.

Vier Monate blieb die Transvaal-Ausstellung geöffnet. Die Schwarzen trommelten und tanzten nicht nur. Sie gaben auch Einblick in ihren Alltag, fuhren mit Ochsenkarren herum und zeigten, daß sie in der Not gezwungen sein konnten, sich selbst vor den Karren spannen zu lassen. Ihr Vertrag endete am 4. Oktober. Darüber, wie sie die Woche bis zu ihrer Abreise zubringen sollten, hatte sich offenbar niemand beizeiten Gedanken gemacht. Bolle rettete die Situation.

Der Große Festsaal in der Meierei wurde zum Schlaf- und Wohnraum der Männer; Frauen und Kinder wurden in anderen Räumen untergebracht. Und weil alle so lange nur ihrer Pflicht oblegen hatten, gesehen zu werden, sollten sie von Berlin endlich selbst noch einiges in Augenschein nehmen können. Drei „Kremser" wurden beschafft (Pferdewagen für Gruppenausflüge), um die dunkelhäutigen Gäste zu den Sehenswürdigkeiten zu bringen. So kamen sie in den Zoologischen Garten, in die Kaiser-Wilhelm-Gedächtnis-Kirche, ins Zeughaus; auch das Sedan-Panorama und das Völkerkundemuseum wurden ihnen gezeigt.

Sie machten mit Gesellschaftsspielen wie Domino oder Dame Bekanntschaft. Sie wurden zu Lichtbildervorträgen, einem Zitherkonzertabend und schließlich auch, weil es sich gerade so fügte, zum Jahresfest des Meierei-Gesangsvereins „Harmonie" eingeladen. Und wem von ihnen der Sinn danach stand, der konnte sich in der Molleschen Freizeitwerkstatt auch einmal im Kerbschnitzen versuchen. Kurzum: Die eigentliche Deutschland-Erfahrung machten sie erst in der letzten Woche ihres Berlin-Aufenthalts. Bei Bolle.

Für den Gottesdienst am Sonntag hatte Bolle Missionsinspektor Merensky geholt, weil der die Gäste auch in ihrer Sprache anreden konnte. Schwarze und Weiße feierten das Abendmahl miteinander. Am Abend des Abschieds schließlich war – so der „Fabrik-Bote der Meierei C. Bolle" – „ein großer Freundeskreis" an den Lehrter Bahnhof gekommen, um „Zieht in Frieden eure Pfade" zu singen. Natürlich konnten die Abreisenden den Text nur verstehen, wenn einer wie Merensky ihnen aus unmittelbarer Nähe die Übersetzung zuraunte. Aber das war wohl auch gar nicht nötig, um nach dieser Woche nun doch noch einmal gründlich über die Augen wischen zu müssen.

Noch sechs Wochen Schiffsreise und drei Wochen unterwegs zu Lande standen den Afrikanern bevor. Die Bolle-Gazette zog auf die ihr gemäße Weise Bilanz.

Sie alle haben durch ihr freundliches, bescheidenes und gesittetes Benehmen uns ein gutes Andenken hinterlassen und uns einen lebendigen Beweis von dem Einfluß geliefert, den das Christentum auch auf die unzivilisierten Völker ausübt. Namentlich aber die Christen unter ihnen zeigten bei aller – man möchte fast sagen – kindlichen Fröhlichkeit einen Glaubensernst, der dem Wirken unserer Missionare das beste Zeugnis ausstellt und unserem Missionsinteresse einen neuen und erhöhten Antrieb leiht.

Hätte sich die Berliner Mission zum guten Ende Besseres als diesen Honig aufs Butterbrot schmieren können?

Ein Löwenfell für den Gönner

Mit der Bibel gegen das Bier

Die „kindliche Fröhlichkeit" der Afrikaner hatte in Berlin Herzen bewegt. Bolle und sein engster Mitarbeiterkreis hörten mit Entzücken vom Nachhall, den die Reise nach Berlin in Transvaal ausgelöst hatte. Daß ihre Gäste nach stürmischer Überfahrt gleich wieder die Weise „Heil Dir im Siegerkranz" hören durften, war der Kapelle des deutschen Kriegsschiffs „Kondor" zu danken, neben dem sie im Hafen von Durban endlich vor Anker gehen konnten. Missionar Reuter schrieb die Beobachtungen, die er anstellen konnte, mit Dankesgrüßen nach Berlin.

Auszüge aus seinen Briefen gab der „Fabrik-Bote" an den Bolleschen Mitarbeiter- und Freundeskreis weiter. Mit Begeisterung redeten alle von Deutschland. „Und ganz besonders von ‚einem großen Herrn, der Herr Bolle heißt'." Hunderte fänden sich sonntags zu den Berichtsrunden ein, in denen der Reiseteilnehmer Joseph auf bilderreiche Weise über ihre Erlebnisse sprach. Alle hingen an seinem Munde – anderthalb Stunden verflogen nur so.

Liest man die Reuterschen Briefschaften heute, dann läßt sich eine gewisse patriotische Beflissenheit nicht übersehen, deutsche Einflüsse in bestem Licht darzustellen. Aber vielleicht klingt im Urteil über die Darstellung des Berichterstatters Joseph („ein Meisterstück") auch der Respekt vor einer rhetorischen Vitalität an, die Europäern ja beileibe nicht immer gelingt. Joseph Mokidimi, erfährt man an anderer Stelle, ist von Beruf Lehrer. In Deutschland hat er sich nebenbei nicht nur mit besten Kräften bemüht, die Landessprache zu lernen. Mit einem Tapeziergehilfen, der Missionar werden möchte, hat er Freundschaft geschlossen, und auch der Briefwechsel zwischen den beiden wird zu einer rührenden Brücke, die noch lange hält.

Deine lieblich Brief habe ich erhalten... Gott helf Dich meine liebe Freund ... Gedenke an mich in Deinen Gebeten ...

In einer großen Geschenksendung, die Bolle einmal nach Transvaal schicken läßt, finden sich unter anderem Hosenträger für alle Getauften. Die zeigen sich stolz damit, ist dem Bericht des Missionars zu entnehmen. Ob an Hosen befestigt oder woran sonst, verrät der Brief nicht – vielleicht wollte der Schreiber nähere Angaben zur Sache lieber vermeiden. Hätten Bolle und seine Mitarbeiter über afrikanische Bekleidungsgewohnheiten besser Bescheid wissen sollen? Noch fiel das Aufbringen von angemessenem Verständnis sehr schwer. Daß es am Bemühen in Bolles Runde nicht gefehlt hat, belegt die Beobachtung eines Afrikaforschers, die man schon vor dem Besuch aus Transvaal in Bolles Hauszeitschrift las: Schwarze in Afrika, hieß es da, erschrecken vor einem Weißen oft so wie die Weißen in Europa vor einem Schwarzen – und dazu wurde auch eine einprägsame Erläuterung des Forschungsreisenden wiedergegeben.

Die weiße Hautfarbe hat unter den tiefdunklen Afrikanern entschieden etwas Totenähnliches. Passierte es mir ja auch, daß bei einem Jagdausflug ein buckliger Einwohner unseren schwarzen Leuten, die ihn wegen seines Gebrechens verspotteten, wütend nachrief, sie sollten sich doch lieber über den Weißen lustig machen; der hätte ja schon so lange unter der Erde gelegen.

Am 1. Januar 1902 wurde im ostafrikanischen Bergland Vupangwa – etwa 1800 Meter hoch und vom Ufer des Njassasees rund neun Stunden entfernt – die Missionsstation Milow gegründet. Zum Gottesdienst wurde mit Trommeln gerufen. 100 bis 150 Menschen sollen sich da eingefunden haben. Im November traf – mit Frau und Töchterchen – ein zweiter Missionar ein. Weihnachten wurde mit einem Christbaum gefeiert. Drei Getaufte und zehn Katechumenen (Teilnehmer am Taufunterricht) wurden zu Jahresende für die Statistik gemeldet.

Bis zum Beginn der deutschen Kolonialherrschaft waren die einheimischen Pangwas einem anderen Volk, den Magwangwalas, unterworfen gewesen. Als Sklavenzeichen trugen fast alle Pangwa-Männer ein Loch im Ohrläppchen. Die Verhältnisse in der Bevölkerung seien oft „wenig erfreulich", ist in Jahresberichten der Missionare zu lesen. Es gab ständige Reibereien mit anderen Stämmen. Und die Mehrheit der Pangwa selbst schien nur auf eins ihr Sinnen und Trachten zu richten: auf Bier.

Die Monate Januar bis April werden wohl in jedem Jahr hier die schwärzeste Zeit bleiben. Das ganze Land ist voll Bierbambus, und in diesen Monaten strömt sein Saft. Männer und Frauen, Greise und Kinder, alles trinkt um die Wette, jetzt hat keiner Zeit, jetzt muß Bambusbier getrunken werden.

Über Schlägereien und Unzucht hatten die Missionare zu klagen. Schlimmer noch: Die Suff-Saison verstärke auch den Hang zum „mwafi", zu Hexerei, bei der Zauberer mit „Gifttränken" mitwirkten. Sogar Menschenleben seien schon „draufgegangen" dabei. Der inneren Haltlosigkeit entsprach – hält man sich an einen Bericht des in Milow tätigen Missionars Klamroth – die Ratlosigkeit der Regierungsbehörde, in der offenkundig auch niemand wußte, wie man der sichtbaren Nöte Herr werden sollte. Das Land werde ruiniert, wenn die Steuer Jahr für Jahr in Form von Vieh eingezogen würde, hieß es zum Beispiel. In welcher Form dann? Offenkundig schob die Behörde der Mission in unverhohlenem Kolonialherreninteresse für die praktische und moralische Zurichtung der schwarzen Untertanen Verantwortung zu. Klamroth hielt Mitte 1903 in seinem Bericht fest:

Auf Wunsch der kaiserlichen Station Songea machen wir nun wieder und wieder die Leute darauf aufmerksam, welche Vorteile ihnen Gummisammeln, Bienenzucht und dergleichen bringt, leider – bei der bekannten Gleichgültigkeit der Schwarzen – mit herzlich wenig Erfolg. Vielleicht würde es mehr helfen, wenn man bei den Stationsleuten intensivere Bienenzucht und dergleichen einführte, doch ist der Zeitpunkt dafür jetzt wohl noch nicht gekommen.

Die Zahl der Katechumenen war mittlerweile von zehn auf vierzehn gestiegen. Auch regelmäßigen Schulunterricht bot die Mission den Pangwas nun an. „Die Zahl der Schüler beträgt 27." Aber wirklich vorangehen wollten die Dinge, bei Licht besehen, eigentlich nicht. 1906 kam es zu Unruhen. In Berlin meldete eine Überschrift im „Missionsbericht der Gesellschaft zur Beförderung der evangelischen Missionen unter den Heiden": „Milow niedergerissen", und im Text wurde verdeutlicht, wie gründlich das politische Kolonialinteresse und die Mission Hand in Hand auf die afrikanischen Menschen einzuwirken versuchten.

Es tröstete uns wohl, daß unsere Missionare als Helden bei der

Baumschatten als Unterrichtsraum: Ein Missionar lehrt Kinder lesen. Bolle, der den Zugang zu diesem Beruf nicht finden konnte, blieb lebenslang dem Gedanken verpflichtet, Menschen in Afrika weiterhelfen zu wollen. Zu diesem Zweck finanzierte er eine Missionsstation und mehrere Lehrer.

Verteidigung hervorgetreten waren, es war wohl ein Balsam auf die Wunden des Herzens, wenn das Urteil des Kolonialamts lautet: „Wir schätzen im höchsten Maße die Einwirkung Ihrer Mission auf die kulturelle Erschließung Deutsch-Ostafrikas."

Heute gibt sich unsereinem befremdliche Kumpanei zu erkennen. Doch die Fragen, die sich daraus ergeben, stellten sich für Carl Bolle und seine Zeit nicht einmal andeutungsweise. Was hätte ihn, der sich dem Wohl und Heil der Menschen verpflichtet fühlte, seinerzeit davon abhalten sollen, auch in anderen Teilen der Welt die Ausbreitung der für ihn bestmöglichen Ordnung zu fördern?

Die gelegentlich sogar von den Missionsleuten gezeigte Ratlosigkeit angesichts der afrikanischen Wirren hätte ihn davon durchaus abbringen können. Doch er blieb dem einmal geschlossenen Bündnis (und damit sich selbst) treu. Er hielt, wie wir nun schon wissen, in seinem Letzten Willen noch daran fest, neben der erwünschten Christianisierung gerade auch den Schulunterricht in Milow/Vupangwa finanziell sicherzustellen.

Wer kann ihm verübeln, daß er gern Dankbarkeit spürte? Der – ebenfalls ostafrikanischen – Missionsstation Wangemannshöhe hatte er eine kleine Kirchenglocke spendiert, der – nach einem Vorbild aus Milow an der Havel – die Einladung zum Heiligen Abendmahl aufgegossen war: „Kommt, denn es ist alles bereit." Wieviel Entzücken der Dankbrief in der Moabiter Meierei ausgelöst hat, spricht aus dem Umstand, daß Bolle ihn gleich der Redaktion seines „Fabrik-Boten" zur Verfügung gestellt hat. Man muß nicht erst lange darüber grübeln, wer bei der Herstellung der Übersetzung mitgewirkt hat, um das Schmunzeln zu teilen.

Du Vater Bolle, wir grüßen Dich sehr, wir alle von Wangemannshöhe. Aber Du, Vater, wir sagen Dank, daß Du uns Glocke geschickt hast. Wir nun, als wir am Sonntag Gottes Wort hörten und Gott die Glocke übergaben, hörten auch das große Wort, welches sagt: „Kommt zum Essen, welches Gott gekocht hat." Da freuten wir uns aufrichtig und sagten: Gott hat unser gedacht, da er uns eine Glocke schenkte, die uns zum Wort unseres Herrn ruft.

Solche Geschenke blieben nicht einseitig. Ein heimkehrender Missionar brachte Bolle das Fell einer Löwin mit, die von Mitgliedern der Gemeinde besiegt worden war, und der Beschenkte durfte dazu erfahren: Felle von Löwinnen sind viel kostbarer als die ihrer Männer. Warum? Weil Löwenfrauen viel gefährlicher sind.

S. M. zu Besuch

Wenn der Camembert läuft

Alles hat seine Zeit, aber nicht alles paßt an jede Stelle in einer Biographie. Geboren werden und Lernen hat seine Stunden. Beten und arbeiten, verdienen, finden und verlieren – alles zu seiner Zeit. Immer kann es aber klitzekleine Unterbrechungen in Lebensabschnitten geben, die für den Betroffenen große Tage bedeuten – obwohl sie, genau besehen, an der Person, am Leben, am Charakter überhaupt nichts verändern. Hinterher, bei Rückblicken, haftet Gefühlstiefe an ihnen.

Wenn also der Besuch Kaiser Wilhelms II. bei Carl Bolle in Moabit am 18. Februar 1898 nacherzählt werden soll, dann paßt er – als ein vorweggenommenes Satyrspiel – vielleicht gerade noch hierher. Ein bißchen rührend war das wohl alles, doch man kann auch nicht ganz ironiefrei darüber reden.

Er wird schon komm', er wird schon komm', er hat sich's einmal vorgenomm'. Aber wann? Bei Seiner Majestät weiß man ja nie ganz genau.

Täglich konnte Seine Majestät erwartet werden, denn es hieß, daß der Kaiser häufig einen überraschenden Besuch liebe. Und siehe da, an einem der folgenden Tage nachmittags um vier Uhr kam plötzlich der Portier mit der Nachricht, daß die kaiserliche Equipage mit den beiden Majestäten einem Schutzmannsposten angeblich habe die Nachricht zugehen lassen, in einer Stunde komme er wieder.

„Er": So schreibt Düwelsdorff, der „Gedenkbuch"-Autor. Für alle, die es gehört hatten, konnte nur der Kaiser gemeint sein, der die Meierei sehen wollte. „So schnell wie möglich hieß es jetzt aufräumen." Vordringlich wurde nach den Kollegen mit den Blasinstrumenten gefahndet. Ein Kaiser-Auftritt ohne Blasmusik? Nicht bei uns, dachten wohl manche und beeilten sich, die Musiker zusammenzurufen und eiligst die Paradeuniformen anlegen zu lassen. Auch Musikdirektor Freese – in Berlin nicht nur als Chefdirigent des Bolleschen Hausorchesters bekannt – hatte herangeholt werden können. Mancher wienerte nochmal über das Blech. Alle warteten. Der Kaiser kam nicht. „Zum Glück", vermerkt das Gedenkbuch. „Er hätte alles auch nur halbfertig angetroffen." Nun jagten sich die Gerüchte. Der Kaiser kommt – er kommt nicht – die Kaiserin kommt, und der Kaiser kommt mit. Schrifttafeln wurden bemalt, mit denen das Hohe Paar begrüßt werden sollte. Als wirklich Hofequipagen anrollten, hieß es, die Kaiserin komme allein. Die Bläser nahmen Aufstellung; die Tore wurden geöffnet; drei stattliche Fahrzeuge drangen in die Meierei vor. „Schleswig-Holstein meerumschlungen" klang es aus den Instrumenten – ein paar Takte jedenfalls, dann gab ein Livrierter dem Musikdirektor energische Zeichen. Freese ließ abbrechen. Aus dem Inneren der Wagen drang lediglich Hofgesellschaft nach außen, die nun minutenlang ebenfalls Warteposition einnahm. Dann: nochmal Wagen. „Und nun ging es wie ein Blitz durch die Menge": Seine Majestät selbst. Und Ihre Majestät auch.

Präsentiermarsch: Knapper Zuruf hatte die Musik schnell umdisponiert. Noch schneller als Seine Majestät war wirklich keiner: Ehe das Trittbrett über dem Teppich stand, war er heruntergesprungen, streckte die Hand aus und eilte Bolle entgegen. Wer ...?: Gleich die erste Frage betraf den Dirigenten. Musikdirektor Freese. Daraufhin: Nicken des Kaisers.

Darum blasen sie auch so schön.

Im Saal fiel sein Blick auf Hohenzollernbilder und Erzeugnisse der Bolleschen Kerbschnitzerwerkstatt. Ein Tisch gefiel ihm. Was der wohl kostet? Die Sachen seien unverkäuflich, mußte Majestät hören. Aber wenn er ihn vielleicht als Geschenk nehmen wolle?

Das nehme ich gern an. Solchen Tisch kann ich gerade brauchen. Denn ich habe oft Sachen, die ich gern aus der Hand auf einen niedrigen Tisch lege.

Majestätischer Auftritt: Moderne Betrachter des Max-Koner-Gemäldes „Kaiser Wilhelm II." (1890) reagieren bestenfalls mit nachsichtigem Lächeln. Seinerzeit sahen viele solche Bilder ganz anders.

Wilhelm II. wird hier wörtlich nach dem „Gedenkbuch" zitiert – in der Gewißheit, daß ein korrekter Protokollant des korrekten Carl Bolle Äußerungen des Kaisers nicht unkorrekt zu Papier bringen konnte.

Beim Betreten der Kapelle ließ Organist Pfannschmidt ein Vorspiel fortissimo auf das kaiserliche Paar und seine Begleitung herniederbrausen. Unmittelbar schloß sich der Bläserchor an: „Tochter Zion, freue dich" aus Judas Makkabäus von Händel. Dann wandte sich Carl Bolle zu Wilhelm: Ob er noch einen Choral hören möchte?

Musik kann ich nie genug hören.

Die Bläser setzten ihre Instrumente zu „Großer Gott, wir loben dich" an. Um die Verdienste Bolles um die Milch gebührlich zu loben, wußte der hohe Besuch etwas aus der eigenen Erinnerung zu erzählen: Der Milch war in seiner Kindheit schon soviel entzogen, daß sie gar nicht mehr richtig weiß war, wenn sie endlich bei den Kindern ankam.

Mein Vater hat zu uns Kindern immer gesagt: Ihr bekommt in Berlin immer nur blaue Milch zu trinken. Denn in Berlin gibt es nur blaue Milch. Ich weiß aber, daß dies seit Errichtung Ihrer Meierei anders geworden ist und blaue Milch seitdem kaum noch vorkommt.

Als die Besuchergruppe erneut in den Hof trat, waren die Bläser schon wieder zur Stelle, um – nun endlich – der Kaiserin die vorgesehene Freude zu machen. Beim ersten Ton war sie schon halb vorübergegangen. Aber sie blieb gleich wieder stehen, als „Schleswig-Holstein meerumschlungen" aufklang. „Ach, wie schön", notierte der Protokollant. Auf den Autor des „Gedenkbuchs" machte es vor allem Eindruck, daß sie auch im Spülraum noch Stil zu zeigen verstand.

In letzterem grüßte die Kaiserin jede einzelne Scheuerfrau durch freundliches Kopfneigen. Nachdem auch noch der Maschinenraum besichtigt war, bei dessen Verlassen der Kaiser scherzend meinte, wer den Kopf zwischen die Dynamomaschine bekäme, sei auf acht Tage dienstunfähig, ging es in den Käsekeller.

Die Herstellung von Camembert galt es zu studieren. Auf dem Weg zur einschlägigen Produktionsstätte gelang es dem Freiherrn von der Reck, gegenüber dem Kaiser über den fettreichen Weichkäse eine besonders interessante Bemerkung zu machen: Vom Fürsten Bismarck werde Camembert sehr gern gegessen. Wilhelm wollte wohl den Sachverstand seines ehemaligen Reichskanzlers nicht gleich unterschätzen.

Na, wenn der ihn ißt, wird er schon gut sein.

Aufmerksam hatte Wilhelm Fräulein von Gerdorf aus der Hofgesellschaft im Auge, als sie über die Herstellung von Camembert alles ganz genau wissen wollte.

Die fragt ihn ordentlich aus.

An Andreas Bolle wendete er sich mit der Frage, ob Camembert, einmal in reiferen Zustand gekommen, noch länger aufbewahrt werden könne. Andreas Bolle riet ab. Älterer Camembert laufe beim Anschneiden leicht weg. Da mußte der Kaiser sehr lachen.

Und geht dann wohl im Tiergarten spazieren.

Mit großer Befriedigung nahm er schließlich eine weitere Information über die beliebte Käseart auf: Es sei inzwischen gelungen, Camembert in gleicher Güte wie in Frankreich zu produzieren. Und, auf seine Nachfrage: Ja, dadurch könne den Franzosen schon viel Konkurrenz gemacht werden. In einem einzigen Wort faßte Wilhelm II. den anerkennenden Kommentar dazu zusammen.

Siehste.

Ja, was sahen die Gastgeber wohl in dieser großen Stunde der Meierei? Unter allen Lebenden war dieser Wilhelm so erhaben für sie, daß nichts auf der Erde über ihn hinausreichen durfte. Deutscher Kaiser, preußischer König und (worüber zumindest die Führungskräfte in der Meierei Bolle nicht hinwegsehen konnten) als Landesherr bei den Erben der Reformation auch noch Summus Episcopus, oberster Bischof. Als seinen Dienstherrn hätte er also wirklich nur den lieben Gott nennen können.

Ihm gegenüber war alles ganz Ehrfurcht. Sein knappes „Siehste" hatte Gewicht. Wäre es anders gleich in die Annalen geraten? Im Ernst – wir sind nicht im Kabarett. Wir denken gar nicht daran, diesen Mann, der dem alternden Bismarck sein Amt nahm, um von der Verantwortung für das Deutsche Reich mehr auf die eigenen Schultern zu laden – nein, wir denken hier nicht daran, diesen Mann einfach auf die Schippe zu nehmen.

Er war ja gar nicht so einfältig, wie er sich vor dem kleinen Mann manchmal darstellte. Kenner bescheinigen ihm Intelligenz. Manchmal konnte er, ist zu lesen, charmant sein. Er verfügte, heißt es, über eine schnelle Auffassungsgabe. Aber dieser Mächtige war nun ebenfalls ein Kind seiner Zeit. Die Selbstzufriedenheit, die auch ihre Bürger auszeichnete, diente ihm – „siehste" – zur Selbststilisierung. Den emporgezwirbelten Schnauzbart, mit dem er sich zeigte, hatte nicht er, sondern ein unbekannter Modepionier seiner Tage erfunden – und er trug ihn vollbewußt in dem Gefühl, damit mitten im Heute zu sein.

Aber hinter der Fülle von Prachtuniformen, mit denen er so gern auftrat, hinter seinen bald anbiedernden, bald angriffslustigen Äußerungen steckte – auch das sagen gründlichere Beobachter – ein unsicherer Mensch. Ein guter Schauspieler, heißt es manchmal (und durchaus nicht respektlos). Intelligent – aber vielleicht doch nicht intelligent genug für die Rolle, die ihm seine Zeit auftrug. Manchmal gelangen ihm nur Knallchargen-Auftritte, und er merkte nicht, daß ihn der Applaus der Bewunderer zur Fortsetzung peinlicher Allüren verführte.

Herdenweise jagten Helfer Hirsche vor seine Flinte – und wenn seine Frau eine Geweihausstellung besuchte, die besonders viele von seinen Trophäen vorzeigen konnte, stand es hinterher in der Zeitung. Wenn er in der Politik Porzellan zertepperte, kam es zu deutschen Akklamationen. Schlecht vorbereitet und schlecht beraten, war er berufen, Geschichte zu machen – und stolperte in die Geschichte kaum geschickter hinein als der August von Berlin in die Zirkusmanege.

Ein Mann – nicht fehlerfrei –, von Geburt hinaufgestoßen in die Oberetage der Macht und der Repräsentation. Sehr oft überfordert. Aber wer sieht das? Darf man von einem im mittleren Bürgermilieu arrivierten Mann wie Carl Bolle erwarten, daß er sich über den gesellschaftlichen Konsens heraushebt und zur Nummer eins in der allgemeinen Verehrung kritisch Distanz sucht?

Vom Käsekeller zog der Besuchertroß zur Kantine. Bei der Küchenchefin fragte die Kaiserin ab, wie denn der Speisezettel der laufenden Woche aussähe. Er, der Kaiser, äußerte die Anteilnahme an den Lebensumständen der Meiereileute auf seine leutselige Weise:

Herr Bolle, zehn Pfennig für ein Glas Glühwein. So billigen Glühwein habe ich noch nicht getrunken, und so billig habe ich noch nicht gegessen.

Vielleicht hätte er sich Bolle als Küchenchef an den Hof holen sollen? Aber hier waren natürlich keine dummen Witze am Platze. Hier galt es vielmehr, weiterhin nachhaltige Aufmerksamkeit bei den Besuchern zu wecken. An die Kaiserin war Bolles Frage gerichtet, ob nicht noch die Pferde gezeigt werden sollten. Sie meinte: wohl doch. Und ließ das entscheidende Wort auch in dieser Sache ihren Gatten aussprechen.

Die Pferde erst recht.

Der Gang zu den Pferden brachte Gelegenheit für einen Dialog mit Kutscher Schult.

Haben Sie gedient? – Jawohl, Majestät. – Wo? – Im 2. Garderegiment. – Wann? – Von 80 bis 83. – Da kennen wir uns ja. – Jawohl, Majestät.

Als der Kaiser ein Pferd tätschelte, ohne das bei ihm angebrachte Warnschild beachtet zu haben, sah ein Adjutant Anlaß, die ihm sonst gebotene Zurückhaltung fallenzulassen. „Beißt und schlägt", warnte er in heftigem Zuruf.

Ach, der beißt nicht.

Erst nach seinem schnellen Widerspruch bemerkte Wilhelm die Aufschrift. Über den guten Ausgang befriedigt, fügte er überlegen hinzu:

Mir beißt er nicht.

So ein Kaiser müsse doch einen ganz besonderen Schutzengel haben, dachten mindestens manche der Zeugen für sich. Kein Zweifel: Bolle gehörte zu ihnen.

In Erwartung der Posaune

Zeitpanorama St.-Matthäus-Friedhof

Auch bei diesem kleinen Haus wird vermutet, Carl Bolle selbst habe es sich entworfen: gelbes Klinkergemäuer, schlicht, sparsamst neugotisch verziert. Von vornherein war es – ein wohl seltener Fall – mit elektrischem Licht ausgestattet. Wozu solche Beleuchtung in einer Privatgruft? Eine Zeitlang hat man mehr noch über eine andere Frage gerätselt: Wo denn der Strom eigentlich herkam und wer dafür bezahlte. Eine Zuleitung von außen war nämlich nicht aufzufinden.

Das kleinere Rätsel scheint mittlerweile anhand zeitgenössischer Fotos von anderen Stellen des Stadtbilds gelöst: Seinerzeit bezog man die Elektrizität auch über Freileitung durchs Dach; ein Stromzähler wäre also ebenfalls im Dach zu suchen gewesen. Aber die Erbbegräbnisstätte Bolle hat ihr altes Dach nicht mehr; nach Kriegsbeschädigung wurde das Gebäude nach oben durch eine ebene Fläche verschlossen. Wenn heute einmal das matte Licht der Kohlefadenlampen an den Kandelabern in der Gruft erwünscht ist, klemmt der Friedhofsverwalter die Leitungsenden an eine Autobatterie an.

Die Großstadt mit ihren mehrstöckigen Wohnhäusern und ihren von dichtem Bewuchs gesäumten S-Bahngleisen schließt sich so eng um den Alten St.-Matthäus-Kirchhof, daß ihn auch unter den Berlinern nur wenige kennen. Dabei liegt er unmittelbar an der S-Bahn. Aber er gewährt den von Süden kommenden Benutzern des Nahverkehrs nur ganz kurz, bevor der Zug in den Bahnhof Großgörschenstraße einfährt, einen Einblick. Und sein Zugang ist meistens wohl auch erst beim zweiten Anlauf zu finden.

Wer zwischen den Gräbern umher geht, liest immer wieder bekannte Namen auf den Grabdenkmälern und -kreuzen. Auch für nicht wenige Zeitgenossen, von denen manche irgendwann etwas mit Bolle zu tun gehabt hatten, fand der Lebensweg hier seine letzte Station. Ein ganzes Panorama des Berliner Lebens und Geistes aus dem

Nachruf.

1. Mose 24, 56.

Es ist ein Wirken vollendet,
Das weite Bahnen umkreist,
Es ist Frieden gespendet
Einem rastlos ringenden Geist!
Im Weinberg Gottes gewaltet
Hat rührig er frühe und spät,
Nun sind diese Hände gefaltet
Zum ewigen Dankesgebet.

Nun kann sein Auge sich weiden
An des Ewigen Herrlichkeit.
Nun braucht er nichts mehr zu leiden
Wie in letzter irdischer Zeit,

Als des Alters Schwächen ihn plagten,
Als Verfall schon an ihm genagt,
Als seine Blicke uns sagten,
Was einst Elieser gesagt,
Als ihn mächtig und leise
Fortzogen Heimweh und Pflicht:
„Gnade zu meiner Reise
Gab der Herr! — Drum haltet mich nicht!
Lasset zum Herrn mich ziehen,
Der mich hierher gesandt."

Nun ist ihm Frieden verliehen
Im ewigen Heimatland.

Marx Möller.

Geist der Kaiserzeit: Der gereimte Nachruf stand auf der Titelseite des „Fabrik-Boten" – verfaßt vom Bolle-Freund und Hausdichter Dr. Marx Möller.

19. Jahrhundert breitet sich rundherum aus. Auf engen Raum gebracht: ein facettenreiches Kapitel deutscher Hauptstadtgeschichte. Wer Sinn dafür hat, kann im Umherspazieren zahlreiche Gräber von Zeitgenossen aus dem Erlebenshorizont von Carl Bolle aufsuchen.

Der alte Büchsel (1803–1889) hat sein Grab auf dem Feld C. Einmal – vermutlich hier auf diesem Friedhof – war es ihm passiert, mit Worten über den Tod und das Sterben Anstoß zu erregen, und Bolles „Fabrik-Bote" hatte dem Vorfall dann eine kurze Bemerkung gewidmet. „Büchsel mit seiner bis zu Gemeinplätzen wahren, noch gar nicht einmal christlichen Betrachtung", hieß es da voller Befremden gegenüber denen, die von ihrem „unangenehmen Eindruck" erzählten. Büchsel hatte am Grab eines Gelehrten gesagt:

*Es ist ein alter Mann, den wir zu Grabe tragen. Auch unter den Leid-
tragenden sehe ich viele Greise, die ihm wahrscheinlich bald folgen werden. Ich selbst gehöre dazu. Wer unter uns wird wohl der nächste sein?*
Und in Bolles Hausblatt war dazu – auch diesmal zweifellos mit
voller Zustimmung des Chefs – zu lesen gewesen:
*„Angenehm" ist der Tod nun einmal nicht und soll es auch nicht sein.
Aber wer am Rande eines Abgrundes schlafen oder mit verbundenen
Augen weiterziehen will, für den ist es ein wahrer Freundschaftsdienst,
wenn man ihm die Nähe und Tiefe des Abgrundes zeigt.*

Wer geradeaus denkt, nennt Dinge bei ihren Namen. Deswegen
hätte der alleweil sachliche Carl Bolle wohl auch im Gespräch mit
David Kalisch (1820–1872; Grab auf dem Schmalstreifen zwischen
den Gräberfeldern I und K) wenig zu sagen gehabt. Der Altberliner
Satiriker und Possenautor gehörte zu den Vätern des berühmten
„Kladderadatsch". Mit seinen Couplets stand er 1848 auf der Seite
der Revolution – und danach ließ er es sich nicht nehmen, für Berlin
wenigstens manchmal ein Hoffnungsliedchen zu singen.

*Auch dein, du schöne Stadt der Städte,
Die jetzt in Nebel scheint gehüllt,
Harrt eine neue Morgenröte
Und einer schönen Sonne Bild.*

Da war Carl Bolle noch jung gewesen, und überhaupt hatte
Kalisch ihn schon deswegen nicht sonderlich interessiert, weil dieser
Dichter seinen ganzen Berufsfleiß in der Herstellung von überdreh-
ten Lustspielen aufgehen ließ – für die Bolle jeder Sinn fehlte.

Jedenfalls stand ihm der Sinn nach den ernsthaften Dingen, zu
denen in späteren Jahren – ein Zeitthema, das dann von den Generationen bis heute immer weitergereicht werden sollte – die Frage
nach der Rolle der Frau in der Gesellschaft gehörte. Daß sich da
etwas ändern müsse, sah er (wie wir schon beobachten konnten) in
seinen späteren Jahren durchaus ein. Aber für so eine Gesinnung wie
die der radikalen Frauenrechtlerin Minna Cauer (1841–1922;
Feld Q) hätte er mit Sicherheit kein Verständnis gehabt. Ihre derben
Späße über „das Gretchen- und Hausfrauenideal deutscher Frauen"
hätte er nicht zum Lachen gefunden – um von ihren entschiedenen

Stellungnahmen zu Themen wie Bevölkerungswachstum und Abtreibung an dieser Stelle zu schweigen.

Aus wiederum ganz anderen Gründen konnte er auch auf Albert von Maybach (1822–1904; Feld H) nicht gut zu sprechen sein. Als Minister für Handel und öffentliche Arbeiten war der verantwortlich für die Regelungen im Eisenbahn- und Schleusenverkehr, die dem Meiereibesitzer zeitweise das Geschäft erheblich beeinträchtigt hatten.

Otto von Camphausens Name fiel wohl öfter einmal in Gesprächen, die Bolle geführt hat: Als preußischer Finanzminister stand er seit 1869 ein für die Steuerhoheit des Staates, mit der Bolle sich auf unterschiedliche Art zu arrangieren hatte. Einmal hinsichtlich des einnehmenden Wesens, das der Staat sowieso immer hat – zum anderen aber im Zusammenhang mit den Zollbestimmungen, die dem gewitzten Unternehmer für die Vermietung eines zollfreien Lagerhauses auf dem Gelände am Landwehrkanal eine hübsche Miete einbrachten. In Erinnerung an die Aufhebung dieser Bestimmungen muß man an zweierlei Konsequenzen erinnern: Diese Einnahmen gingen Bolle verloren. Und der Finanzminister trat aus Protest gegen die Zollpolitik Bismarcks zurück. Otto von Camphausen (1812–1896) ruht in einem Erbbegräbnis am Rande des Feldes I.

Auf dem Weg zwischen Feld I und dem Erbbegräbnis von Bethel Henry Strousberg (1823–1884) könnte Carl Bolle bei Friedhofsbesuchen manchmal vorüberspaziert sein. Mit zwiespältigen Empfindungen, muß man vermuten: Der Eisenbahnkönig hatte in den wirtschaftlich besten Jahren des aufstrebenden Preußens und des jungen Deutschen Reichs eine ungleich steilere Karriere als Bolle selber gemacht. Aber zuletzt war er ins Bodenlose gestürzt. Wer da wohl noch für diese aufwendige Grabstätte aufkam? Soviel immerhin kann man wissen: Sogar Strousbergs Mausoleum war zeitweise verpfändet.

Rudolf Virchow, der große Arzt und Sozialpolitiker (1821–1902; Grab am Rande des Feldes H) hatte natürlich die interessierten Blicke der Berliner immer wieder auf sich gelenkt. Auf einem – wir wissen schon: – Ostseeschiff waren der Professor und der Unternehmer einmal einander begegnet. Virchows Leistungen für die

Medizin hat der für den Fortschritt immer offene Bolle bewundert. Daß er Virchows Opposition gegen Bismarck nicht öffentlich kritisierte, hing wohl mit seiner prinzipiellen Zurückhaltung bei politischen Äußerungen zusammen. Höchstwahrscheinlich stand ja Bolle persönlich Modell bei einem scherzhaften Vergleich, den 1887 der „Kladderadatsch" zu einer in Berlin erscheinenden Zeitung anstellte:

Die „Tägliche Rundschau" erinnert an den Milchmann, der auch möglichst unparteiisch ist und nach allen Seiten hin sein sanftes Getränk verbreitet.

In abwartend-interessierter Haltung beobachteten Bolle und die ihm verwandten Geister denn auch den Theologen Adolf von Harnack (1851–1930; Grab zwischen den Feldern A und C). Über den „Fall Harnack" hatte sich – über Berlin hinaus – nicht nur die ganze Gelehrtenwelt zeitweilig ereifert. Berühmt gemacht hatten ihn unter Kennern zunächst die Anfänge seiner ernüchternden Überprüfung der Dogmengeschichte. Als der Marburger Professor nach Berlin geholt werden sollte, legte sich der Evangelische Oberkirchenrat quer: Es gebe Bedenken, „welche in unserer Mitte nicht haben überwunden werden können".

Harnack hatte Zweifel an der Authentizität bestimmter Stellen der Bibel geäußert. Seine Stellung zu den von der Bibel berichteten Wundern, insbesondere zur Geburt Jesu von einer Jungfrau sowie zu dessen Auferstehung und Himmelfahrt, wurde als bedenklich empfunden: Anlaß für den Evangelischen Oberkirchenrat, von seinem Nein gegenüber dem Kultusministerium nicht abzugehen.

Namhafte, auch konservative Theologen traten dem Minister zur Seite, der Harnack an die Berliner Universität holen wollte. Doch die kirchliche Behörde blieb stur und behauptete, sich von anderen Gesichtspunkten als die Theologieprofessoren leiten lassen zu müssen. Als sich auch noch Reichskanzler Bismarck zugunsten Harnacks in die Sache einschalten mußte, starb Kaiser Friedrich. Die Berufungsurkunde wurde Wilhelm II., dem Nachfolger, zur Unterschrift vorgelegt. Der sagte: „Ich will keine Mucker", unterschrieb – und stellte den Oberkirchenrat kalt.

Zu einem Mucker wurde Harnack auch in Berlin nicht. Drei Jahre nach der Berufung sah sich der „Fabrik-Bote" veranlaßt, von anhaltender Streiterei um Harnack einmal Kenntnis zu nehmen. *Was den Fall Harnack anbetrifft, so hört man, daß die oberste Kirchenbehörde sämtliche Generalsuperintendenten zusammenrufen wird, um in eine nähere Erörterung der Angelegenheit zu treten. Der Widerspruch gegen die Auslassungen des Professors wächst von einer Synode zur anderen.*

Offenbar konnte in Berlin schon vorausgesetzt werden, um welche „Angelegenheit" es da ging. Um den „Streit ums Apostolicum" nämlich. Um die Frage, ob das sogenannte Apostolische Glaubensbekenntnis (das ja bis heute zu allen Gottesdiensten gehört) der Gegenwart noch gerecht werden könne. Lassen sich für das, was Glaube ist, nicht andere Worte finden? Die Auseinandersetzung ging durchs ganze evangelische Deutschland. Als Harnack in seiner Vorlesung dazu Stellung bezog, kam er einer Aufforderung aus den Reihen seiner Studierenden nach.

Mit geschliffenen Überlegungen ging er in neun Punkten ausführlich auf das Ansinnen ein. Wir greifen nur drei Gedanken heraus: Ein Verzicht würde Vergewaltigung der evangelischen Christen bedeuten, „die ihren Glauben voll und ohne Anstoß im Apostolicum ausgedrückt finden". Von gebildeten Theologen sei der Besitz von soviel geschichtlichem Sinn zu erwarten, daß sie im Apostolicum ein altes Zeugnis ihres eigenen Glaubens erkennen. Das aber dürfe nicht daran hindern, irreführende Worte zu ändern – so das Wort von der „Auferstehung des Fleisches" (das einige Jahrzehnte später tatsächlich von der Formulierung „Auferstehung der Toten" abgelöst worden ist).

Nichts von Radikalismus also. Die Art und Weise kritischer Prüfung aber brachte die Traditionalisten abermals gegen ihn auf. Daß er Aussagen zum Ewigen Leben oder zur Erlösung kritischer begegnete als andere Theologen der Zeit, ließ sie – und mit ihnen viele schlichte Gemüter unter den Gläubigen – an Häresie denken. Ihre Reaktion war aggressiv. Theologengezänk? Apodiktisches Eifern über letzte Dinge, die doch im Sinn exakter Wissenschaft ohnehin keiner weiß? Harnack war nicht zu beirren.

Wer glaubt unter uns heute noch, daß die Ewigkeit nichts anderes sei als eine selige Fortsetzung des gegenwärtigen Zustandes? Das empfinden wir vielmehr als Ketzerei und Unchristlichkeit. Wir verstehen unter

seliger Ewigkeit etwas ganz anderes, nämlich, daß uns nichts von der
Liebe Gottes trennen kann, auch nicht der Tod.

Wo, wenn nicht hier auf dem Friedhof, wird man nachdrücklicher auf Fragen nach den Grenzen des Lebens gestoßen? Unter dem Mausoleum aus gelben Ziegeln, auf dem Platz ganz hinten rechts in der Ecke des Friedhofs also (hier wollen wir uns ironische Anspielungen aber wirklich energisch verbitten) hat Carl Bolle sich in die Gruft senken lassen: Endstation des Erdenwandels.

Im Weinberg Gottes gewaltet
Hat rührig er frühe und spät,
Nun sind diese Hände gefaltet
Zum ewigen Dankesgebet.
Nun kann sein Auge sich weiden
An des Ewigen Herrlichkeit.
Nun braucht er nichts mehr zu leiden
Wie in letzter irdischer Zeit.

Dr. Marx Möller, Freund und Hausdichter der Meierei, reimte den Nachruf. Wir dürfen sicher sein: Seine Art, die Begegnung mit dem Ewigen in der Weise irdisch-sinnlicher Erfahrung zu schildern, hätte Bolle besser gefallen als Harnacks zurückhaltende Gedankenstrenge auf diesem Gebiet. Der Hinweis aufs Erlittene „in letzter irdischer Zeit" beschreibt in großer Dezenz eine zweijährige Folge von Krankheiten und Altersgebrechen, die dem alten Mann aufs Schwerste zugesetzt haben müssen.

Von „verschiedenen Lungenentzündungen" während zweier Winter und von einem „Grundleiden" wird in einem Bericht im „Fabrik-Boten" über seine letzten Tage gesprochen. Zum 78. Geburtstag am 1. September hatte er noch Gratulanten empfangen. Über öffentliche Äußerungen von ihm war schon seit etlicher Zeit nichts mehr zu erfahren gewesen; das könnte bedeuten, daß es nicht gelungen war, die an anderer Stelle erwähnten Schlaganfallsfolgen ganz zu überwinden. Das „letzte Gespräch", das er „geschäftlich" mit Carl junior geführt hatte, fand bereits Ende August statt. Wer sich die letzten Tage des alten Mannes in der Marienhain-Villa, seinem Alterssitz, vorstellt, kann nur naheliegenden Vermutungen nachgehen. Die Berichterstattung des „Fabrik-Boten der Meierei C. Bolle" jedenfalls sagt nichts darüber.

Immer wieder war es seine titanenhafte Natur, die die schweren Stunden der Krankheit überwand, aber nicht nur diese allein, sondern auch die treue Pflege unserer hochverehrten Frau Geheimrat war es, die mit übermenschlichen Kräften ihm in treuester Pflege Tag und Nacht zur Seite stand.

Alles Drängen des Arztes, fremde Kräfte zu Hilfe zu rufen, hatte sie abgewehrt. Ach, die „Frau Geheimrat" – wie gern würde man sich ein Bild von ihr machen. Drei Jahre nach dem Tod seiner geliebten Sophie hatte Carl Bolle erneut geheiratet. Immer, wenn auf Bolle bei Meiereifesten ein Toast ausgebracht wurde oder wenn Hoch-Rufe auf ihn erschollen, wurde sie in einem Atemzug mit ihm als Adressatin genannt: erst „Frau Kommerzienrat", dann „Frau Geheimrat" – mehr über sie wußten wohl auch die meisten Meiereileute nicht. Sie ging und stand still neben dem Gatten.

Die Beherzte, die bei der Betreuung des Hinfälligen so viel Selbstlosigkeit zeigte, entschwindet nach dem Tod rasch wieder unseren Blicken. Als nach einem Dreivierteljahr eine Familien-AG aus der Meierei wurde, standen nur die Namen der sechs Kinder Bolles auf der Liste der Aktionäre – an der Stelle des bereits gestorbenen Johannes der seiner Witwe.

In der allerletzten Phase der Sterbebegleitung erst kamen Bolles Töchter Martha und Lydia zur Hilfe. Still kam der Tod. Der „Fabrik-Bote" bemühte sich um gehobenen Ton: „In sanftem Schlummer ging er in die Ewigkeit, der er stets mit Freude entgegensah." Ein „Glaubensheld" sei er gewesen, erfüllt von „sieghaftem Geist". Auch Sprache hat ihre Zeit.

Tags darauf, es war Donnerstag, wurde der Tote in der Meiereikapelle in Moabit aufgebahrt. Zur Totenwache spielte die Orgel. Freunde und Angestellte der Meierei füllten am Freitag „bis auf den letzten Platz" zum Trauergottesdienst den weiten Raum. Durch Generalsuperintendent D. Faber wurde einer „markigen und reckenhaften Persönlichkeit" gedacht. Der „Fabrik-Bote":

Tausenden von Menschen hat er auch hier eine Stätte bereitet; nun glauben wir fest, daß Christus ihm zum Lohne dort oben auch die Stätte bereitet hat. „Wie herrlich ist die neue Welt", erscholl es nun bekräfti-

gend und ergreifend von aller Lippen; „Laßt mich gehen, laßt mich gehen, daß ich Jesum möge sehen", sang der Kinderchor.

In der Kapelle des Matthäus-Kirchhofs fand der Sarg noch einmal Zwischenstation, ehe der Bläserverein „Concordia" nach Zurücklegung der allerletzten Wegstrecke zur Begleitung der letzten Choralstrophe die Instrumente ansetzte: „Wenn ich einmal soll scheiden". Der Männerchor „Harmonie" sang, so wird berichtet, „Selig sind die Toten" mit vor Rührung sehr unsicher gewordenen Stimmen. Die Bestattungsfirma der Bolle-Söhne Andreas und Johannes zeichnete verantwortlich für Ausführung und – sagen wir es ganz ungekünstelt – Regie. Aber weder Andreas noch der bereits gestorbene und anderwärts beigesetzte Johannes finden im Bericht des „Fabrik-Boten" Erwähnung.

Heutzutage hat Richard Mitschke den Schlüssel zum Mausoleum. Der Kirchhofsverwalter. Er nimmt eine hellen Schein gebende Handlampe mit und schließt auf Erdebene die zu den Kandelabern führenden Drahtenden an die Autobatterie an, ehe er Besucher in die Grablege geleitet. Schmal und steil führt die Eisentreppe nach unten. Eng ist die Gruft. Aber im schummerigen Licht der Kandelaber kann man schon sehen: Die Raumaufteilung hat einer sich ausgedacht, der Sinn für Ökonomie hat.

Rundherum offene Fächer für Sarkophage. Jeweils neun hätten links und rechts an den Langseiten Platz, wenn die begonnene Aufstellungsweise fortgesetzt worden wäre. An den Stirnseiten ist für Erwachsene nicht ganz genug Raum. Aber Kindersärge sind da unterzubringen. Zwei stehen da: ein Söhnchen von Carl Bolle junior in dem einen, eine Tochter von Martha geb. Bolle und Bernhard Kanzow in dem anderen. Kleine, frei im Regal liegende Namenstafeln lassen es wissen – Garantie dafür, daß ein leichtfertiger Besucher beide nicht schon einmal vertauscht hat, kann niemand geben.

Für die Erwachsenen-Sarkophage gibt es keine Namenshinweise. Aber man wird sich allemal darauf einigen können, daß sich die sterblichen Reste von Carl Bolle senior in der am reichsten ornamentierten Zinktruhe auf der rechten Regalmitte befinden. Es ist unter den Behältnissen einfach das prächtigste, einigermaßen nur dem Zinksarg gegenüber vergleichbar. In ihm dürfte sich Carl Bolle junior befinden, der Arzt, der Vaters Nachfolge in der Meierei – ob er wollte oder nicht – antreten mußte und seinen Vater dann doch nur um etwa ein Jahr überlebte.

Nach den im Obergeschoß eingemeißelten Namen sind außerdem zwei Frauen hier beigesetzt worden: Sophie Bolle geb. Maltner, Carl Bolles erste Frau, die Mutter seiner Kinder also. Sie dürfte wohl in dem Sarg unter ihrem Ehemann ruhen. Bei der Frau auf der anderen Seite handelt es sich offenbar um eine unverheiratete Schwester von ihr. Zwei Urnen von moderner Gefäßform stehen noch da. Die waren ganz durchgerostet und wurden erneuert, sagt der Kirchhofsverwalter. Mitglieder der Bolle-Familie? Wer das noch wüßte.

Der Patriarch hatte sich das alles anders gedacht, verraten die überwiegend leer gebliebenen Plätze um ihn herum. Seine Vorstellung war es selbstverständlich gewesen, daß die Familienmitglieder nach ihm einziehen würden – jedes zu seiner Zeit. Und daß die, die seinen Namen weitergetragen hätten, ihn wieder umgeben würden, in Erwartung der Posaune des Jüngsten Tages.

Aber der bereits gestorbene Johannes Bolle war auf einem anderen Friedhof beigesetzt worden, und auch Andreas wollte sich nicht mehr beim Vater einfinden.

Im Testament hatte Carl Bolle senior bestimmt, das Unternehmen müsse in Familienbesitz und ohne fremde Einflüsse bleiben. Es kam daraufhin zur Gründung einer Familien-AG. Aus einer Niederschrift im Archiv der Firma Julius Grieneisen:

Nach dem Tode von Dr. Bolle im Jahre 1911 übernahm der bisherige stellvertretende Vorsitzende des Aufsichtsrats, Herr Ingenieur Karl Pernet, die Leitung der Meierei. 1917 wurde die Meierei C. Bolle AG an die Neußer Familie Werhahn verkauft.

Die Erben hatten sich nicht einigen können. Bolles Kapelle in Moabit wurde zum „Welt-Kino"; später beherbergte der Raum die „Berliner Kammerspiele – Theater der Jugend". Bolles Milchwagen blieben noch bis in den Zweiten Weltkrieg ein kaum wegzudenkendes Element im Straßenbild von Berlin. Auf dem einstigen Meiereihof am Spreeufer reckt sich heute Stahl- und Glasarchitektur hoch hinaus: Arbeitsstätte der neuen Regierungsbürokratie. Wenn der alte Bolle das wüßte: Hinter der Rampe, an der die Milchwagen sich ihre Ladung abholten, wird nun Bier ausgeschenkt.

Der Firmenname und das Signet mit der Bimmel – zuletzt in

knalligem Rot über den Schaufenstern von Verbrauchermärkten –
gingen während der ersten Hälfte unserer neunziger Jahre im Strudel
von Handelskonkurrenzen und neuen Firmengründungen unter.
Die Bibel, Prediger 3, 1:
Alles Vorhaben unter dem Himmel hat seine Stunde.

Nachbemerkung des Autors

Die Recherchen für dieses Buch haben vor fast drei Jahrzehnten begonnen, und ebenso lange hatte sich der Gedanke in mir festgesetzt, am Beispiel Carl Bolles einen Teil-Einblick in die Geschichte Berlins zu finden – der Stadt, deren Westteil mir vor fast 50 Jahren Asyl gewährt hat und die seither zum geographischen Angelpunkt meines Lebens geworden ist.

Den ersten Hinweis auf die Besonderheiten der Persönlichkeit von Carl Bolle gab mir der 1984 gestorbene Dr. Julius Rieger, Theologe und Homme des lettres, der meine Journalistenarbeit auf dem Gebiet von Religion, Kirchen und Theologie mit interessierter Anteilnahme beobachtet hat und dem ich zahlreiche inspirierende Gespräche verdanke. Der von ihm geweckten Neugier an Carl Bolles Leben bin ich – meist von anderen Aufgaben in Anspruch genommen – über die Jahre höchst ungleichmäßig nachgegangen. In jüngster Zeit hat der Umstand die Arbeit des Nachforschens belastet, daß es kein in sich geschlossenes Bolle-Archiv gibt – angesichts der Bedeutung und einstigen Volkstümlichkeit von „Bimmel-Bolle" in Berlin gewiß ein überraschender Befund. Eine mehrfach bezeugte handschriftliche Autobiographie Bolles, geschrieben 1905, habe ich nicht auffinden können. Um so mehr habe ich den Personen und Institutionen zu danken, die sich bemüht haben, mir Zugang zu einzelnen Quellen zu geben. Zu nennen sind die Archive im Museum für Technik, Berlin, des Berliner Missionswerkes, der Firmen Tip und extra in Altlandsberg, der Firma Julius Grieneisen, Berlin, sowie die Berliner Heimatmuseen in Charlottenburg, Köpenick und Tiergarten. Ohne die Arbeitsmöglichkeiten im Zentrum für Berlin-Studien und in der Staatsbibliothek Preußischer Kulturbesitz, aber auch ohne die Hilfestellungen des Domkirchenarchivs in Brandenburg/Havel, des Evangelischen Pfarramts in Milow/Havel, des Instituts für Zierpflanzenbau an der Berliner Humboldt-Universität und der Verwaltung des St.-Matthäus-Kirchhofs in Berlin-Schöneberg wäre das Buch in der vorliegenden Gestalt nicht zu schreiben gewesen. Ich nenne die Institutionen und habe dabei eine noch viel längere Reihe freundlich mitdenkender Menschen im Blick, die mir geholfen haben, Spuren zu finden.

Frau Dr. Elke Rutzenhöfer, Lektorin im Wichern-Verlag, hat mich bei der Arbeit ermutigt und kollegial beraten. Uta Pauli, meine geduldige Ehefrau und Erst-Kritikerin seit Jahrzehnten, hat mich vor manchen Fehlschlüssen und vor manchem allzu wortverliebten Gebrauch der Sprache bewahrt. Ohne all diese Mitwirkung wäre aus dem alten Buchprojekt nichts, aber auch gar nichts geworden.

Ich sage Dank.

Berlin, im Spätjahr 1999   Frank Pauli

Abbildung Umschlaginnenseiten vorne

Das Meiereigelände Bolles in Alt-Moabit, Grundriß mit Darstellung der ebenerdigen Einrichtungen – Ende des 19. Jahrhunderts. Die sich dahinter bis zur Spree erstreckenden Werkstätten sind heute alle abgerissen; an der Grundstücksgrenze hinter den Ställen ist noch ein Raum für die „Pferdeputzmaschine mit Electro-Motor" zu erkennen. Ein Jahrhundert später entstand zwischen dieser Grundstücksgrenze und der (erhalten gebliebenen) Laderampe für die Milchwagen der U-förmige Glaspalast, deren turmähnliche Endungen zu einer unübersehbar architektonischen Besonderheit des Spreeufers wurden. Der Bundesminister des Inneren hat darin seinen Dienstsitz genommen.

Abbildung Umschlaginnenseiten hinten

Landschaft, von der Carl Bolle als junger Mann träumte und die er auch als Mann fortgeschrittenen Alters im Herzen behielt. Die Karte zeigt, welche Wirkungen der Berliner „Milchkönig" bei der Unterstützung frommer Denkungsart sogar südlich des Äquators noch hatte: Oberhalb des 10. Breitengrades ist links die Missionsstation „Milow" zu finden – so benannt nach dem havelländischen Heimatdorf ihres Stifters. Mit den Mitteln seiner Zeit setzte Bolle sich dafür ein, auch Afrikaner an Menschenrechten teilhaben zu lassen. Gäste vom schwarzen Kontinent lernten ihn in Berlin als freundlichen Gastgeber kennen. Um afrikanische Kinder lesen, schreiben und rechnen lernen zu lassen, finanzierte er persönlich mehrere Lehrer.